Frische Familienküche

70 gesunde Rezepte, die Kindern schmecken

JANUAR

FEBRUAR

MÄRZ

APRIL

MAI

JUNI

JULI

AUGUST

SEPTEMBER

OKTOBER

NOVEMBER

DEZEMBER

„Das Schönste ist, Kinder für gesunde Zutaten zu begeistern und zu sehen, dass es ihnen schmeckt."

SUSANNE KLUG

kocht mit viel Leidenschaft für Kinder. Seit 2018 entwickelt die Ernährungswissenschaftlerin die Rezepte für die Foodstrecke „klug & kinderleicht" im Apothekenmagazin „Baby und Familie". In München betreibt die Mutter zweier Jungs einen Catering-Service und beliefert Kindergärten und Schulen mit frisch gekochtem Mittagessen. So erfahren die Kinder jeden Tag, dass gesundes Essen auch super lecker sein kann. Susanne Klug ist außerdem Autorin mehrerer Kochbücher und Ratgeber rund um die Themen Familienküche und Babyernährung.

LIEBE ELTERN,

wir wünschen uns doch nichts mehr, als dass unsere Kinder gesund groß werden. Einen wichtigen Einfluss auf ihre gesunde Entwicklung hat die Ernährung. Doch im stressigen Alltag fällt es uns oft gar nicht so leicht, jeden Tag supergesund zu kochen. Schon allein die Frage, was denn allen schmeckt, kann für viel Diskussionsstoff sorgen. Dieses Buch wird Ihnen den Alltag erleichtern. Alle Rezepte sind familienerprobt, denn auch wir haben zu Hause Kinder, die lieber Pizza und Pasta schlemmen, als Salat und buntes Gemüse zu essen.

Neueste Zahlen zeigen leider, dass es aktuell wichtiger denn je ist, unsere Kinder dabei zu unterstützen, ein gesundes, ausgewogenes Ernährungs- und Bewegungsverhalten zu erlernen. Die Zahl der übergewichtigen Kinder nimmt zu und damit auch das Risiko, schon in jungen Jahren an Diabetes Typ 2 oder Bluthochdruck zu erkranken. Hier sind wir als Eltern gefragt, denn je früher wir die Bausteine für einen gesunden Lebensstil legen, desto einfacher und schneller erlernen unsere Kleinen, was gut für sie ist. Im Ratgeberteil des Buches erfahren Sie deshalb alles darüber, was eine gesunde Ernährung für Kinder ausmacht – welche Nährstoffe sie brauchen, was ihnen schadet und welche Mengen auf dem Teller angemessen sind.

Sie werden sehen, gesunde Ernährung lässt sich leichter in den Alltag integrieren, als Sie glauben. Wir wünschen Ihnen und Ihrer Familie alles Gute und lassen Sie es sich schmecken!

Herzlichst Ihre

Stefanie Becker
Chefredakteurin Baby & Familie

Susanne Klug
Ernährungswissenschaftlerin

Hauptsache, gesund

Essen ist lebenswichtig. Ganz besonders für Kinder, denn sie sollen gesund aufwachsen. Doch auf die Auswahl der Lebensmittel kommt es an, und die fällt vielen Menschen immer schwerer. In der Eile des Alltags greifen wir zu oft zu Fertiggerichten und Fast Food. Dazu lockt die Lebensmittelindustrie mit falschen Gesund-Versprechen.

Eine gute Orientierung bietet die Ernährungspyramide des Bundeszentrums für Ernährung (BZfE) auf Seite 7. Sie gilt für Erwachsene und Kinder gleichermaßen und zeigt, welche Lebensmittel täglich auf den Teller kommen sollten.

Was darf's wann sein?

Wie oft unsere Kinder im Idealfall essen und wie viel sie dabei zu sich nehmen, ist schwer auf eine Zahl festzulegen. Viele Faktoren spielen hierbei eine Rolle: etwa die Aufstehzeit (die eine „mit“, der andere „ohne“ Frühstückshunger), der Tagesablauf (zu Hause, Krippe-, Kita- oder Schulverpflegung), die Bewegung, das Essverhalten, die soziale Umgebung und nicht zuletzt wechselnde Vorlieben der Kinder. Die Spanne erstreckt sich dabei von wenigen großen Mahlzeiten bis hin zu vielen kleinen Mahlzeiten. Beide Ansätze haben sowohl Vor- als auch Nachteile. Bei wenigen großen Mahlzeiten sollte weniger zwischendurch „gesnackt“ werden. Das erlaubt dem Stoffwechsel und der Verdauung größere Erholungspausen. In größeren Pausen kann es jedoch auch passieren, dass der Blutzuckerspiegel stärker absinkt und ein großes Hungergefühl entsteht. Und es kann dazu kommen, dass man vielleicht über den Hunger hinaus isst und so zu viele Kalorien aufnimmt.

Bei mehreren kleinen Mahlzeiten wird der Heißhunger eher verhindert, da der Blutzuckerspiegel auf einem konstanten Niveau gehalten wird. Vorausgesetzt, es werden keine Lebensmittel mit einem hohen Anteil an zugesetztem Zucker gegessen. Eine Gefahr ist „Dauersnacken“. Denn häufig besteht das Snacking – auch schon bei sehr jungen Kindern – aus hochkalorischen Lebensmitteln wie Chips, Süßigkeiten oder Getreideriegeln. Mehrere kleine Mahlzeiten sind also für Ihre Kleinen zu empfehlen, wenn sie aus nährstoffreichen Lebensmitteln wie Gemüse, Nüssen, Milchprodukten oder etwas Obst bestehen, die den Blutzucker nicht so stark in die Höhe treiben.

DIE ERNÄHRUNGSPYRAMIDE

Die Ernährungspyramide erleichtert täglich die Auswahl gesunder Lebensmittel. Für die richtige Menge wird die eigene Hand als einfaches Maß verwendet. Das große Plus: Die Hand ist immer dabei. Sie ist individuell, wächst mit und berücksichtigt somit den unterschiedlichen Bedarf eines Menschen – je nach Alter und Geschlecht. Kleine Kinder, die weniger Nahrung brauchen, haben kleinere Hände, größere Kinder die größeren Hände und den größeren Appetit.

Naschereien: 1 Portion
Süßigkeiten und Knabbereien müssen in einer Hand Platz haben.

Fette und Öle: 2 Portionen
1 EL stellt eine Portion dar.

Milch und Milchprodukte: 3 Portionen
Ein Glas Milch entspricht einer Portion. Die empfohlene Menge Joghurt oder Quark passt in eine Hand. Eine Scheibe Käse ist eine Portion.

Fisch, Fleisch, Wurst, Ei oder Hülsenfrüchte: 1 Portion
Pro Woche stehen auf dem Tisch …
- 2–3-mal Fleisch, 1–2-mal Fisch: Eine Portion entspricht jeweils der Größe des Handtellers.
- Die Portionen Fleisch, Fisch und Wurst können auch durch Hülsenfrüchte und Ei ergänzt beziehungsweise ersetzt werden.
- 1 Ei entspricht einer Portion.

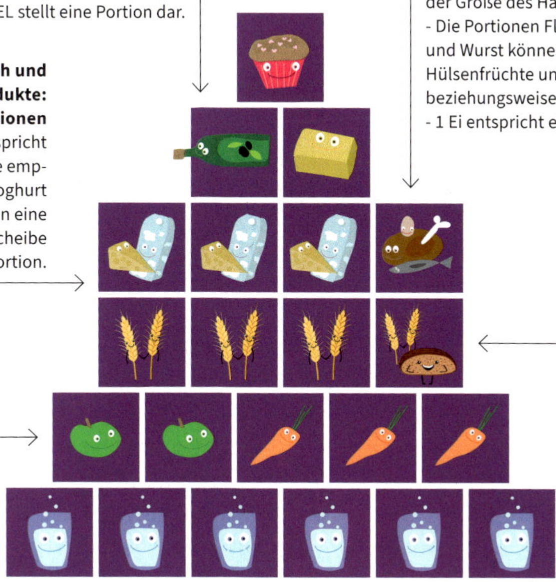

Brot, Getreide, Beilagen: 4 Portionen
Eine Portion Kartoffeln, Nudeln, Reis oder Müsli stellt zwei Hände voll dar. Eine Portion Brot entspricht der gesamten Handfläche mit ausgestreckten Fingern.

Obst: 2 Portionen
Gemüse, Salat: 3 Portionen (gegart oder roh)
Großstückiges Gemüse und Obst passen in eine Hand. Beeren, Brokkoliröschen oder geschnittenes Gemüse füllen zwei Hände aus.

Getränke, idealerweise Wasser oder ungesüßter Tee: 6 Portionen
Ein Glas, das das Kind in einer Hand halten kann, entspricht einer Portion.

Vitamine sind Trumpf

Die Deutsche Gesellschaft für Ernährung empfiehlt sowohl für Kinder als auch für Erwachsene „5 am Tag" und meint damit, fünfmal am Tag Gemüse und Obst in allen Farben und Formen zu genießen. Optimal sind drei Portionen Gemüse und zwei Portionen Obst. Doch wie groß ist eine Portion für Kinder? Für ein vier- bis sechsjähriges Kind hat eine Gemüseportion 70 Gramm, für ein zehn- bis zwölfjähriges Kind liegt sie bei 80 Gramm. Die Früchteportion darf etwas höher ausfallen: 100 Gramm beziehungsweise 120 Gramm. Alles abzuwiegen ist im Alltag aber oft unpraktisch. Daher empfiehlt die DGE, die eigene Hand als Maßeinheit zu nehmen. Auf Seite 7 finden Sie zu den jeweiligen Lebensmitteln auch immer die Portionsempfehlungen.

Ernährung beeinflussen

Essen Kinder diese Mengen Gemüse und Obst, trägt das dazu bei, sie mit den notwendigen Vitaminen und Mineralstoffen zu versorgen. Es macht also Sinn, unsere Kleinen schon früh an frische Lebensmittel zu gewöhnen. Damit können wir ihre Gesundheit fördern und Übergewicht entgegenwirken.

Viele Kinder wiegen bereits zu viel. Laut der „KiGGS Welle 2"-Studie des Robert Koch-Instituts (RKI), die von 2014 bis 2017 erhoben wurde, sind 15,4 Prozent der Kinder und Jugendlichen zwischen drei und 17 Jahren übergewichtig, 5,9 Prozent sogar adipös.

Wiegt auch Ihr Kind zu viel? Sprechen Sie das Thema als Erstes in der Kinderarztpraxis an. Keinesfalls dürfen Kinder ohne ärztlichen Rat einer Diät ausgesetzt werden. An erster Stelle stehen das Wachstum des Kindes und die Versorgung mit den dafür benötigten Nährstoffen aus der Nahrung. Der 3-Punkte-Plan auf Seite 9 hilft Ihnen, die Ernährung Ihres Kindes positiv zu beeinflussen.

Bunt ist gesund

Gemüse, Obst und Hülsenfrüchte kommen bei Kindern oft schlecht an, weil wir Eltern oft dazu neigen, sie mit Sätzen wie „Das ist gesund" oder „Da sind Vitamine drin" zu verkaufen. Das klingt für kleine Kinder langweilig und bleibt abstrakt, weil sie es nicht verstehen.

Dabei machen es uns die Kinder eigentlich ganz leicht, denn sie lieben alles, was bunt ist. Nicht nur in der Natur entdecken sie begeistert farbenfrohe Blumen und Tiere. Auch das Kinderzimmer darf kunterbunt sein. Buntes Spielzeug oder bunte Kleidung sind meist ihre Lieblingsstücke. Kinder verstehen Farben und können auch schon früh über diese sprechen.

Beim Essen können wir das nutzen, indem wir Farbe auf den Teller bringen: Grün, Rot, Orange, Gelb, Violett – frische Lebensmittel bringen eine große Vielfalt mit.

1 Gemeinsamer Genuss

Nehmen Sie sich 20 bis 30 Minuten pro Tag Zeit, um eine Hauptmahlzeit zusammen mit der ganzen Familie zu genießen. Dabei ist es egal, ob zum Frühstück, Mittag- oder Abendessen. Zweitrangig ist auch, ob alle das Gleiche auf dem Teller haben. Wichtig ist nur, dass das Essen bewusst und gemeinsam gegessen wird.

2 Positiver Gesprächsstoff

Was war schön heute? Was wollen wir am Sonntag unternehmen? Sorgen Sie am Tisch für eine entspannte Atmosphäre. Diskussionen über das Gewicht sind tabu. Sprechen Sie weder über das Gewicht des Kindes noch über ihr eigenes und auch nicht über das der Nachbarn. Gewicht, BMI und statistische Werte im U-Heft sind für Kinder nicht verständlich. Wenn ältere Kinder doch nachfragen, lässt sich Körperfett gut so erklären: „Unser Körper speichert Energie aus dem Essen als Fett. Jeder Mensch braucht und speichert Energie anders. Deswegen gibt es Körper in allen Formen und Größen."

3 Essen mit Plan

Stellen Sie einen Essens- und Snackplan auf – bei Kindern ab fünf Jahren auch gern gemeinsam, dann reden sie mit. Der Plan gibt eine tägliche Routine und macht es deutlich einfacher, Obst, Gemüse und Co. über den Tag zu verteilen. Starten Sie jede Mahlzeit mit kleinen Portionen.

Die Empfehlung, jeden Tag einen bunten Teller voll zu essen, kommt nicht von ungefähr. Die unterschiedlichen Arten von Obst und Gemüse enthalten auch unterschiedliche Vitamine und erfüllen verschiedene Funktionen in unserem Körper. Für eine ausgewogene Ernährung empfiehlt sich daher, jeden Tag eine bunte Zusammenstellung auf die Teller und in die kleinen Bäuchlein zu bekommen. Drei Anregungen zum Ausprobieren finden Sie in der Grafik.

GUT ZU WISSEN!

Der Body-Mass-Index bei Kindern wird wie Körpergröße und Gewicht in Perzentilenkurven bewertet. Ist ein Kind übergewichtig, liegt sein BMI-Wert über der 90. Perzentile. Eine Aussage zum anzustrebenden Idealgewicht lässt die Kurve allerdings nicht zu. Der Wert gibt eher Aufschluss über Entwicklung und Wachstum des Kindes. Das Gewicht wird ins Verhältnis zur Größe gesetzt. Beunruhigend für viele Eltern ist auch, wenn das Kind zu wenig wiegt. Ist es aber fit und vital, gibt es in der Regel keinen Grund zur Beunruhigung. Sprechen Sie dennoch immer mit dem Kinderarzt oder der -ärztin, wenn Sie sich über die Gewichtsentwicklung Ihres Kindes Sorgen machen.

Die Mischung macht's: Rotes, orangefarbenes, grünes und gelbes Gemüse liefert viele wichtige Vitamine. Der Mix wird komplett mit einem stärkehaltigen Gemüse und zwei Portionen Obst am Tag.

Alles Quetschie, oder was?

Viele Eltern greifen häufig zu Quetschies als Obstersatz. Kein Wunder, denn das Früchtemus wird als gesunde Alternative für kleine Gemüse- und Obstmuffel beworben. Und mal ehrlich, bevor das Kind gar nichts Gesundes isst, dann doch lieber täglich zwei, drei Quetschies. Schließlich sind da nur Obst und Gemüse, Joghurt und Getreideflocken drin. Oder nicht?

Hier haben Marketingstrategen ganze Arbeit geleistet. Leider ist der Gesundheitseffekt der dickflüssigen Smoothies sehr gering. Laut DGE können in einem einzigen Quetschie zum Beispiel ein halber Apfel, eine halbe Banane und eine große Erdbeere stecken. Gekocht und püriert, passt diese große Portion Obst in ein kleines Quetschie-Tütchen. Durch das Erhitzen beim Herstellungsprozess werden wichtige Vitamine zerstört. Durch das Schälen, Kochen und Pürieren gehen außerdem wichtige Ballaststoffe verloren, die aber für eine gesunde Darmfunktion wichtig sind.

Zu guter Letzt wird dem Brei häufig Zucker, etwa in Form von Saftkonzentraten, hinzugefügt, um den Inhalt länger haltbar zu machen. Wenn man die Quetschies also einordnen müsste, sind sie eher eine Süßigkeit und keine Alternative für frisches Gemüse und Obst.

Essen mit allen Sinnen

Die Kinder bekommen also unnötig viel Zucker. Gleichzeitig fehlt ihnen die Sinneserfahrung des Essens. Beim Ausnuckeln des süßen Quetschie-Breis wird das Obst oder Gemüse nicht einzeln geschmeckt und gekaut. Es wird auch nicht mit den Händen oder dem Löffel gegessen. Dabei ist es doch das Schönste, an einer süßen Erdbeere zu saugen oder von einer knackigen Karotte zu knabbern.

Deshalb: wenn Quetschie, dann als Nascherei und am besten selbst gemacht (siehe Anleitung im Kasten unten). Das ist nicht nur gesünder, sondern – wenn Mehrwegbeutelchen verwendet werden – auch deutlich umweltschonender. Viele dieser Beutelchen können nach dem Gebrauch einfach in der Spülmaschine gereinigt werden, und wenn man gleich mehrere hat, kann man auf Vorrat produzieren und einfrieren.

QUETSCHIE EINFACH SELBST GEMACHT

Für die selbst gemachten Quetschies verwendet man am besten Bio-Obst und -Gemüse. Ordentlich gewaschen, kann sogar die Schale dranbleiben, etwa bei Karotte, Birne oder Apfel. Ist alles fein püriert, bekommt man von der Schale nichts mehr mit und die Ballaststoffe bleiben im Brei. Ein Klecks Naturjoghurt mit dem Quetschie-Brei verrührt oder zart schmelzende Haferflocken fein püriert geben dem Quetschie eine etwas festere, cremigere Textur und machen zudem länger satt.

Zucker, Zucker, überall Zucker

Zucker ist nicht grundsätzlich und vollkommen zum Buhmann zu erklären. Denn allen voran liefert Zucker sehr schnell den Brennstoff für unsere Zellen und ist eine wichtige Energiequelle unseres Gehirns. Noch dazu können wir wenig für unsere Süß-Liebe, denn diese wurde uns durch die steinzeitlichen Vorfahren in die Wiege gelegt. Die mochten Zuckerhaltiges, weil sie dadurch ihre Energiereserven am schnellsten wieder auffüllen konnten. Allerdings gab es nicht rund um die Uhr hochverarbeitete, gezuckerte Lebensmittel, sondern ab und zu mal ein Stück Obst oder Gemüse. Das ist nicht zu vergleichen mit der Zuckerlast, die uns tagtäglich durch den Alltag begleitet.

Insulin im Überfluss

Der Zucker an sich ist also nicht das Problem, sondern die Menge und die Regelmäßigkeit, in der wir ihn aufnehmen. Essen wir mehrmals am Tag zuckerhaltige Lebensmittel und/oder stillen mit süßen Getränken unseren Durst, leidet auf Dauer die Gesundheit.

Die Bauchspeicheldrüse läuft ständig auf Hochtouren, um den Botenstoff Insulin zu produzieren. Insulin ist für den Zucker wie ein Schlüssel, um in die Zellen zu gelangen. Ist kein Insulin da, bleibt der Zucker in unserem Blut. Je mehr Zucker also im Blut zirkuliert, desto mehr Insulin muss die Bauchspeicheldrüse ausschütten, damit die Zuckermoleküle in die (Muskel)zellen aufgenommen werden können. Da die Bauchspeicheldrüse ein sehr eifriges Organ ist, macht ihr der Zucker lange nichts aus und sie produziert fleißig weiter. Doch irgendwann reagieren die Zellen nicht mehr wie gewünscht auf das Insulin und der Blutzuckerspiegel im Blut steigt. Die Bauchspeicheldrüse reagiert darauf, indem sie immer mehr Insulin produziert – bis sie irgendwann „erschöpft“ ist. Das kann für unsere Gefäße und Organe gefährlich werden. Die häufigste Diagnose lautet dann Typ-2-Diabetes.

Diabetes in der Pubertät

In Deutschland erkranken bereits jährlich etwa 200 Kinder und Jugendliche im

25 GRAMM

Das ist die Zuckermenge, die Kinder täglich höchstens aufnehmen sollten. Das entspricht etwa acht Zuckerwürfeln. Die Menge macht circa zehn Prozent des Energiebedarfs aus.

Quelle: Weltgesundheitsorganisation (WHO)

Alter von elf bis 17 Jahren an Typ-2-Diabetes. Manche erkrankte Kinder haben auch einen zu hohen Blutdruck und extrem erhöhte Blutfettwerte. Haben Kinder ständig großen Durst und müssen häufig auf die Toilette, sollten Eltern aufmerksam werden, denn beides sind typische Symptome für Diabetes.

Fehlernährung, Übergewicht und Bewegungsmangel sind Risikofaktoren, die zur Entstehung eines Typ-2-Diabetes beitragen. Nehmen Kinder auf Dauer zu viel Zucker zu sich, speichert der Körper die viele überschüssige Energie in Form von Körperfett. Wird die überschüssige Energie nicht durch Bewegung wieder verbrannt, führt das auf Dauer zu Übergewicht. In Deutschland ist etwa jedes siebte Kind übergewichtig (siehe auch Infokasten Seite 10).

Auch für die Gesundheit der Zähne ist der Zucker nachteilig: Süßigkeiten müssen oft nur wenig gekaut werden. Dadurch wird weniger schützender Speichel gebildet. Wenn Süßes angeboten wird, dann am besten als Dessert nach einer ausgewogenen Hauptmahlzeit, denn da ist die Speichelbildung schon angeregt.

Tschüss Zucker

Insgesamt gilt für Kinder und auch für Erwachsene: Je weniger Zucker gegessen wird, desto besser. Die Weltgesundheitsorganisation empfiehlt, dass wir weniger als zehn Prozent unserer täglichen Kalorien aus sogenanntem freiem Zucker aufnehmen. Für Kinder im Alter von ein bis vier Jahren entspricht das pro Tag weniger als 120 Kilokalorien aus freiem Zucker (bei insgesamt etwa 1200 Kilokalorien/Tag). Das entspricht zirka 30 Gramm, sechs kleinen Teelöffeln oder zehn Zuckerwürfeln. Wie schnell diese Menge erreicht ist, zeigen die Beispiele oben in der Grafik.

Keine Verbote

Trotzdem gilt: Süßes und Zuckerhaltiges soll nicht verboten sein. Als erzieherisches Mittel, etwa als Belohnung, taugt es allerdings auch nicht. Verbote und Belohnung erhöhen den Reiz und die Spannung für Kinder und führen eher

SO VIEL ZUCKER STECKT DRIN

in einem kleinen Glas Apfelschorle
(150 ml = 9 g Zucker/
3 Zuckerwürfel)

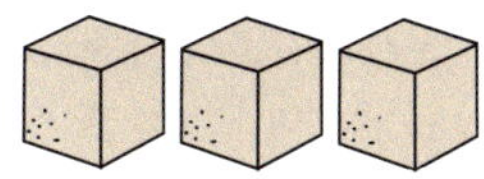

einem Becher Fruchtjoghurt
(150 g = 14,5 g Zucker/
knapp 5 Zuckerwürfel)

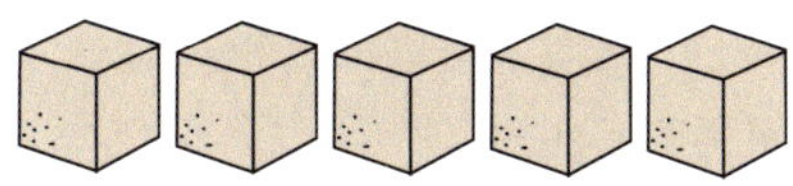

und zwei kleinen Schokokugeln
(11,6 g = 6 g Zucker/2 Zuckerwürfel)

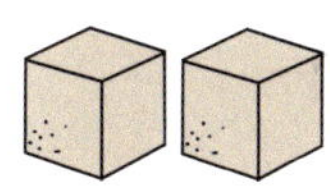

zu heimlichem bis hin zu unkontrolliertem Naschen. Sagt man zum Beispiel „Du bekommst erst was Süßes, wenn du den Brokkoli gegessen hast", könnte das Kind denken: „Süßigkeiten sind besser als Brokkoli." Oder versucht man die Lust auf das Zuckerzeug mit Sätzen wie „Süßigkeiten sind nicht gesund" zu verringern, verinnerlicht das Kind „Toll, ungesunde Sachen sind bestimmt alle richtig lecker."
Gemeinsam aufgestellte Regeln oder feste Zeiten für Süßkram geben dem Zuckerkonsum einen entspannteren Rahmen. Die Kinderhand dient dabei als Mengenmaß: Von den süßen Sachen sollte es pro Tag nicht mehr sein, als in eine(!) Kinderhand passt.

Versteckten Zucker entlarven
Süßigkeiten wie Schokoriegel, Gummibärchen und Co. enthalten viel Zucker, das ist für Eltern keine Überraschung

18 GRAMM

Lebensmittel, die mehr als 18 Gramm Zucker pro 100 Gramm enthalten, essen Kinder am besten nur selten.

mehr. Viel zugesetzter Zucker versteckt sich jedoch auch in Lebensmitteln, bei denen wir es nicht erwarten, wie Backwaren, Frühstücks-Cerealien oder Ketchup. Und auch Kinderlebensmittel wie Kinderkekse oder Kinderjoghurt enthalten oft viel zugesetzten Zucker. Hier lohnt sich ein Blick auf die Rückseite der Lebensmittel, genauer: die Nährwerttabelle. Dort muss der zugesetzte Zucker genau angegeben werden. In der Tabelle steht unter der Angabe „Kohlenhydrate" die Angabe „davon Zucker". Durch diese Angabe kann der Zuckerzusatz von verarbeiteten Lebensmitteln aufgedeckt werden. Als Richtwert gilt: Alle Lebensmittel, die mehr als 18 Gramm Zucker pro 100 Gramm enthalten, essen Kinder am besten nur selten.
Übrigens: Süßigkeiten und Lebensmittel mit zugesetztem Zucker braucht unser Körper eigentlich nicht. Durch eine ausgewogene Ernährung nehmen wir genügend Zuckerbausteine in Form von langkettigen Kohlenhydraten etwa in Vollkornbrot, Vollkornnudeln, Na-

tur- und Wildreis oder Gemüse auf, die unser Körper in kleine Bausteine zerlegen kann und so zur Energiegewinnung nutzt. Für diese Teilung braucht unser Körper zudem mehr Zeit, weshalb uns diese Lebensmittel länger satt halten als ein Schokoriegel oder Keks.

Neben der Nährwerttabelle liefert auch die Zutatenliste Hinweise, ob und wie viel zugesetzter Zucker in einem Lebensmittel steckt. Den erkennt man etwa hinter Begriffen wie „Dicksaft“ oder „Raffinose“. Zutaten, die auf „-ose“ oder „-dextrin“ enden, sind ebenso Zucker, wie „Sirup“ oder „Fruchtsüße“.

Wie können Eltern also einfach und nachhaltig den Zuckerkonsum ihrer Kinder im Alltag verringern? Durch ein bewusstes Einkaufen mit Blick auf Zutatenliste und Nährwerttabelle kann die Zuckerlast im Alltag gesteuert werden. Dazu ein einfacher Tipp für den Einkaufskorb: Je mehr naturbelassene Lebensmittel in unserem Einkaufskorb landen, umso besser ist dies für die Gesundheit: Gemüse, Nüsse oder Beeren zählen in jedem Fall dazu.

GUT ZU WISSEN!

Wer selbst kocht und dabei wenig verarbeitete Lebensmittel verwendet, hat die Zuckermenge leicht selbst in der Hand. Werden Kinder beim Kochen mit kleinen Aufgaben mit eingebunden, probieren sie oft bereitwilliger Lebensmittel, die sie noch nicht kennen. Studien zeigen außerdem: Bis ein Lebensmittel oder ein Gericht von Kindern toleriert wird, muss es mindestens acht- bis zehnmal auf dem Tisch stehen.

Das erste Mal Zucker

Im ersten Lebensjahr sollten die Kleinen möglichst keinen zugesetzten Zucker zu sich nehmen. So lernen Babys den Geschmack von reinem Zucker noch nicht kennen und die Muttermilch oder später Obstbreie schmecken ihnen süß genug. Danach sind Beeren oder auch mal etwas Trockenobst ein nährstoffreicher, süßer Snack.

Speisen für die Kleinen müssen nicht nachgesüßt werden. Auch nicht mit Honig, der gern als gesündere Alternative verstanden wird. Zucker bleibt Zucker. Zudem ist Honig für Babys im ersten Lebensjahr ohnehin tabu. Honig kann das Bakterium Clostridium botulinum enthalten. Da aber die Darmflora bei Babys im ersten Lebensjahr noch nicht ausgeprägt ist, können die Sporen des Bakteriums auskeimen, Gifte bilden und zu einem sogenannten Säuglingsbotulismus mit Lähmungen führen.

Für ältere Kinder kann Honig zum Süßen verwendet werden – aber sparsam (siehe auch Seite 108). Durch die höhere Süßkraft von Honig braucht man weniger davon und spart so – im Vergleich zum Süßen mit Haushaltszucker – Kalorien. Aber auch Honig enthält viel Zucker und sollte daher nur in Maßen verwendet werden.

Gesund Energie tanken

Zucker ist der Turbo unter den Energielieferanten, den wir selten bis nie in den Mengen benötigen, wie wir ihn konsumieren. Um lang anhaltend leistungsfähig und satt zu sein, braucht unser Körper langkettige Kohlenhydrate und Eiweiß.

Komplexe Kohlenhydrate – die bessere Wahl

Langkettige Kohlenhydrate in Vollkornprodukten oder Gemüse sind wertvolle Energieträger. Chemisch bestehen die langkettigen Kohlenhydrate aus vielen einzelnen Zuckerbausteinen, die unser Körper mithilfe der Verdauungsenzyme zerteilt. Kohlenhydrate sind ein wichtiger Nahrungsbestandteil. Über die Hälfte der täglichen Nahrungsenergie soll laut DGE-Empfehlungen durch Kohlenhydrate aufgenommen werden, die vorwiegend aus Gemüse, vollem Getreide, Kartoffeln oder Obst stammen sollten. Diese Lebensmittel liefern zugleich wichtige Ballast- und Mineralstoffe, Vitamine sowie Spurenelemente. Kinder sollten diese Lebensmittel täglich essen.

Auch Hülsenfrüchte wie Linsen, Kichererbsen, Bohnen oder Erbsen, sind gute Kohlenhydratquellen. Diese liefern außerdem wertvolles pflanzliches Eiweiß für Stoffwechselprozesse und stehen daher im Idealfall zweimal pro Woche auf dem Speiseplan. Hülsenfrüchte zeigen sich mittlerweile immer öfter in neuem Gewand, etwa in Form von Nudeln. Die oft bunten Alternativen punkten mit ihrem nussigen Geschmack und ihrem Eiweißanteil und sind zudem vegan.

Eiweiß – so wichtig!

Unser Körper benötigt Eiweiß für viele unterschiedliche Aufgaben, etwa zum Aufbau unserer Muskeln, Knochen und Bindegewebe oder zur Bildung von Antikörpern. Wertvolles und essenzielles Eiweiß findet man in unserer Nahrung – neben den bereits genannten Hülsenfrüchten – auch in Fisch. Gerade Schwangeren, Stillenden und Kindern wird regelmäßiger Fischverzehr empfohlen, da dieser neben der Eiweißquelle auch wichtig für die Zufuhr von Omega-3-Fettsäuren und Jod ist. Doch welche Menge an Fisch pro Woche ist angesichts der Umwelt- und Schadstoffbelastungen überhaupt noch zu empfehlen? Derzeit sind weltweit bereits ein Drittel aller Fanggebiete überfischt und der Fischkonsum steigt stetig weiter.

Je nach Art und Aufzucht der Fische können sie mit verschiedenen Umweltgiften und Chemikalien belastet sein, wodurch sie für Babys und Kleinkinder nicht geeignet sind und gemieden werden sollten. Zu den belasteten Fischarten zählen insbesondere solche, die am Ende der Nahrungskette stehen, wie

Thunfisch, Heilbutt oder Schwertfisch. Die Omega-3-Versorgung ist für Schwangere, Stillende, Babys und Kleinkinder jedoch unverzichtbar. Fisch gehört daher zu einer gesunden und ausgewogenen Ernährung einmal pro Woche mit auf den Speiseplan. Greifen Sie zu möglichst gering belasteten Fischarten wie Seelachs oder Hering.

Falls kein Fisch auf dem Speiseplan steht, müssen die Omega-3-Fettsäuren aus anderen Quellen zugeführt werden. Walnüsse, Ölsaaten wie Leinsamen oder Raps leisten hier einen Beitrag zur Versorgung. Sprechen Sie mit dem Kinderarzt, ob Algenöl, Nahrungsergänzungsmittel oder aber angereicherte Lebensmittel zusätzlich infrage kommen, um den Bedarf zu decken.

Wasser marsch

Ohne Wasser läuft im Körper nichts. Wasser bildet die Basis unserer Zellen. Um den Flüssigkeitshaushalt im Gleichgewicht zu halten, sollten Kinder im Alter von einem bis vier Jahren täglich ungefähr 820 Milliliter Wasser trinken, denn sie verlieren täglich über die Haut, den Schweiß, Stuhl und Urin.

Säfte, Limos, Eistees oder Smoothies sind als Durstlöscher nicht geeignet. Sie enthalten viel Zucker, insbesondere Fruchtzucker (Fructose), und die gesundheitlichen negativen Folgen durch einen übermäßigen Konsum werden weit unterschätzt. Auch der zu hohe Zuckerkonsum aus Getränken kann zur Entstehung von Karies oder Übergewicht beitragen. Durch ein Überangebot an Fruchtzucker wird die Fähigkeit der Leber, Fette richtig zu verstoffwechseln, gestört. Auf lange Sicht kann dies zu einer Fettleber führen, die immer häufiger schon bei Schulkindern festgestellt wird. Um Kinder von den süßen Getränken zu entwöhnen (siehe Kasten unten), braucht es vor allem eines: Geduld.

Ganz ohne Saft oder Schorle geht's nicht? Bieten Sie das Getränk zu einer Hauptmahlzeit an. Dadurch gelangt der Zucker langsamer ins Blut. Versuchen Sie Säfte und Schorlen auf lange Sicht zu etwas Besonderem zu machen und nur bei bestimmten Anlässen anzubieten.

WASSER IST IMMER DIE 1. WAHL

So klappt die Entwöhnung von Säften & Co.

1. Gesüßte Getränke nach und nach mit Wasser verdünnen, bis das Wasser pur akzeptiert wird.

2. Auch Mama und Papa trinken am besten nur Wasser. Kleinkinder orientieren sich stark an den Eltern.

3. Wasser aufpeppen, etwa mit frischer Minze, Zitronenmelisse oder Zitronen-, Orangen-, Gurken- oder Apfelscheiben. Hier unbedingt zu Bioprodukten greifen, da die Schadstoffbelastung deutlich geringer ist als bei konventionellem Obst und Gemüse.

Kita und Schule: gesundes Essen? Selten!

Die Ernährungsgewohnheiten und -vorlieben werden immer mehr durch das Essen in Krippe, Kindergarten und Schule beeinflusst. Dort verbringen die Kleinen mittlerweile ganz schön viel Zeit. Die Mehrheit der Kita-Kinder bleibt mittlerweile mehr als sieben Stunden pro Tag in der Einrichtung.
In diesem Fall essen die Kinder dort gemeinsam Mittag, oft wird auch zusammen gefrühstückt und/ oder ein Nachmittagssnack gegessen. Damit bleibt unter der Woche nur noch eine große Mahlzeit zu Hause mit der Familie übrig.

Häufig leidet die Qualität

Haben die Einrichtungen und Verpfleger die Qualität und Ausgewogenheit des Essens im Blick, so bietet sich hier eine Chance, den Kindern eine optimale Ernährung für ihre Bedürfnisse und Vorlieben zu bieten und eine gesunde Ernährungsweise für das Leben zu prägen. Doch was tun, wenn auf den Tellern statt Rohkost und Vollkornbrot häufig Convenience-Produkte wie Pommes, Chicken-Nuggets, Kartoffeltaschen oder süße Hauptspeisen wie Dampfnudeln mit Vanillesauce oder Kaiserschmarrn mit Apfelmus landen?
Nur jede dritte Kita bietet den von der Deutschen Gesellschaft für Ernährung entwickelten Standard für die Verpflegung in Kindertagesstätten an, der sich durch einen optimalen Mix aus Kohlenhydraten, Proteinen und Fetten für Kinder auszeichnet.
Es besteht also Handlungsbedarf, zum Beispiel durch Wissensvermittlung an die Akteure vor Ort: Träger:innen, Erzieher:innen sowie Köche und Köchinnen müssen zusammen ins Boot geholt und geschult werden, damit nachhaltig Maßnahmen zur Verbesserung durchgeführt werden können. Der DGE-Standard dient dabei als Orientierung und Leitplanke für die Verpflegung.

Ausgleich schaffen

Doch wie kann eine ungesunde Kita-Kost zu Hause noch ausgeglichen werden? Am besten landen viel Gemüse, Vollkornprodukte, wertvolles Protein und etwas Obst auf dem Abendteller, um die Nährstoffe wieder aufzufüllen. Wie Sie den Anteil gesunder Lebensmittel im Alltag steigern können, verraten Ihnen die Tipps und Tricks auf Seite 19. Außerdem finden Sie auf den nächsten Seiten zahlreiche Rezepte, die gesund sind und garantiert der ganzen Familie schmecken.

SO KOMMT MEHR GESUNDES AUF DEN TISCH

Erleben Kinder **Essen als etwas Schönes,** dann speichern sie diese Situation gleichzeitig mit der Speise ab – die positiven Erfahrungen verstärken sich.

Lassen Sie Kinder **eigene Erfahrungen** machen, ob ihnen etwas schmeckt oder nicht. Dabei gibt es kein richtig oder falsch, kein gesund oder ungesund, keine Wertung von außen.

Den Geschmackssinn verfeinern und erweitern. **Nur was Kinder kennen, können sie mögen lernen.** Sinnesbildung findet immer statt, alltäglich und bei jeder Mahlzeit. Deshalb ist es so wichtig, dass die Kinder in ihren Brotdosen Vielfalt und immer mal wieder etwas Neues kennenlernen. Und: dranbleiben! Auch wenn sie es nicht beim ersten Mal essen. Geduld aufbringen lohnt sich!

Eltern bleiben das wichtigste Vorbild. **Kinder spiegeln unser Verhalten.**

Kinder selbst **experimentieren lassen:** forschen, schnippeln, probieren, rühren, kochen – das weckt Neugier!

Kinder in den Mittelpunkt stellen und ihre **vielfältigen Erfahrungen nutzen.** Welches Obst oder Gemüse kennst du? Was magst du? Was magst du probieren?

Kinder sind wissbegierig. Nutzen Sie das und **steigern ihr Interesse:** Wo wächst das Lebensmittel? Wie wird es geerntet? Wie wird es verpackt?

JANUAR

Zimt fördert den Appetit und
regt die Darmtätigkeit an.
Als Gewürz kann er daher Speisen
bekömmlicher machen und
Verdauungsproblemen
wie Blähungen und Völlegefühl
vorbeugen.

IN DER SCHWANGERSCHAFT

Neben positiven Effekten, wie einer
besseren Verdauung, sollten Schwangere
Zimt dennoch nur in Maßen konsumieren.
In größeren Mengen verzehrt,
wird vermutet, dass das Gewürz Wehen
hervorrufen könnte.

WARENKUNDE

Zimt

Das exotische Gewürz gibt nicht nur den geliebten Zimtsternen in der Adventszeit die unverwechselbare Note. Zimt peppt auch andere Süßspeisen oder Curry-Rezepte auf.

CUMARIN

Cumarin ist ein Duftstoff, der unter anderem in Zimt vorkommt. Während Cassiazimt bis zu zehn Gramm je Kilo enthalten kann, ist der Gehalt in Ceylon-Zimt gering. Cumarin kann bei empfindlichen Menschen schon in kleinen Mengen die Leber schädigen. Daher rät das Bundesinstitut für Risikobewertung, als Tagesdosis nicht mehr als 0,1 Milligramm Cumarin pro Kilogramm Körpergewicht aufzunehmen. Für Erwachsene ist das meist kein Problem. Kleine Kinder erreichen das Tageslimit schon nach wenigen Keksen.

6 KLEINE ZIMT-KEKSE

dürfen kleine Kinder (etwa 15 Kilo schwer) essen, um die Tageshöchstmenge Cumarin (1,5 mg) nicht zu überschreiten.

Quelle: Bundesinstitut für Risikobewertung

WISSENSWERTES

Echter Zimt ist kostbar. Er stammt von der Insel Ceylon (heute Sri Lanka) und heißt deshalb auch Ceylon-Zimt. Für das Gewürz wird die Rinde des Zimtbaumes abgeschält. Die getrockneten Rollen sehen aus wie Zigarren – viele dünne Schichten übereinander. Cassia-Zimt stammt ursprünglich aus dem Süden Chinas. Auch hier wird die Rinde des Baumes abgeschält und rollt sich ein – allerdings gibt es keine einzelnen Schichten. Er steckt in den meisten Fertigprodukten mit Zimt, weil er günstiger ist als Ceylon-Zimt.

Bananenbrot

1 Den Backofen vorheizen (175 Grad Umluft). Die Bananen fein pürieren. Eier und Öl langsam mit dem Rührgerät schaumig unterrühren. Mehl, Zimt, Kakao und Backpulver gut mischen und nach und nach unter die Masse rühren.

2 Eine Kastenform mit Backpapier auskleiden und den Teig gleichmäßig in die Form geben. Das Bananenbrot im Ofen auf der mittleren Schiene etwa 60 Minuten backen.

NÄHRWERTE PRO STÜCK

346 kcal, 17 g F, 8 g EW, 39 g KH, 3 g BST

Für circa 12 Stück

- 600 g sehr reife Bananen (ca. 8 Stück)
- 3 Eier
- 190 ml Rapsöl
- 500 g Dinkelmehl
- 1 EL Ceylon-Zimt (z. B. aus der Apotheke)
- 1 TL Kakao
- 1 Päckchen Weinstein-Backpulver

Zubereitungszeit:
10 Minuten plus
60 Minuten Backzeit

Paprika-Möhrensuppe

Für 4 Personen

- 600 g Paprikaschoten (gelb und rot)
- 2 EL Olivenöl
- 1 Schalotte
- 2 kleine Knoblauchzehen
- 200 g Möhren
- 350 ml Gemüsebrühe
- 100 g Kochsahne (15 % Fett)
- 1/2 TL Kreuzkümmel (gemahlen)
- 1/2 TL Paprikapulver (edelsüß)
- 1 Prise Zimt
- Salz und Pfeffer
- 100 g Couscous
- gehackte Petersilie

Zubereitungszeit:
20 Minuten plus Kochzeit

1 Die Paprika waschen, entkernen und in mundgerechte Stücke schneiden. Die Paprika mit 1 EL Öl mischen und im Ofen zirka 15 Minuten rösten. Die Schalotte und den Knoblauch abziehen und fein würfeln. Die Möhren schälen und in Stücke schneiden.

2 Das restliche Olivenöl in einem Topf erhitzen, die Zwiebeln und den Knoblauch darin anbraten. Die Möhren mit in den Topf geben und mitbraten. Die Brühe zufügen und die Möhren darin weich kochen.

3 Paprika und Kochsahne dazugeben, alles fein pürieren und durch ein Sieb passieren, um die restliche Paprikaschale zu entfernen. Mit Kreuzkümmel, Paprikapulver, Zimt, Pfeffer und Salz abschmecken.

4 100 g Couscous mit 200 ml kochendem Wasser übergießen und ausquellen lassen. Die Suppe in vier Teller verteilen und mit je circa 75 g fertigem Couscous und etwas Petersilie servieren.

NÄHRWERTE PRO PORTION

272 kcal, 14 g F, 6 g EW, 27 g KH, 7 g BST

Eier in Senfsauce

Für 4 Personen

- 6 Eier
- 500 g Kartoffeln (festkochend)
- Salz und frisch gemahlener Pfeffer

Für die Senfsauce:

- 200 ml Kochsahne (15 % Fett)
- 200 ml Gemüsebrühe
- 50 g Schmand
- 2 EL Senf (mittelscharf)

Für den Spinat:

- 300 g Tiefkühl-Blattspinat
- 1 Zwiebel
- 1 TL Rapsöl
- 1 Msp. Muskat

Zubereitungszeit:
35 Minuten plus Garzeit

1 Die Eier in 12 Minuten hart kochen, schälen und zur Seite stellen. Die Kartoffeln schälen, vierteln und in Salzwasser garen.

2 In der Zwischenzeit die Sahne mit der Brühe, dem Schmand und dem Senf in einem kleinen Topf verrühren und aufkochen. Mit Salz und Pfeffer abschmecken. Die Sauce auf kleiner Temperatur köcheln lassen, die Eier in die Sauce geben, damit sie warm bleiben.

3 Spinat in einem kleinen Topf erhitzen, dann gut ausdrücken. Die Zwiebel abziehen, würfeln und in einer Pfanne im Rapsöl glasig dünsten, Spinat dazugeben, mit Muskat und Salz abschmecken.

4 Die Kartoffeln nach circa 25 Minuten abgießen und mit den Eiern in Senfsauce und dem Spinat servieren.

NÄHRWERTE PRO PORTION

397 kcal, 24 g F, 18 g EW, 25 g KH, 4 g BST

Omelette-Röllchen

Für 4 Personen zum Frühstück

- 8 Eier
- 150 g Champignons
- 75 g Tiefkühl-Blattspinat
- 100 g Kirschtomaten
- 80 g Feta, zerkrümelt (abgepackt, aus pasteurisierter Milch)
- wer mag, etwas frisches Basilikum
- 25 g Cheddar (gerieben)
- Salz, frisch gemahlener Pfeffer
- 3 EL Schnittlauchröllchen

NÄHRWERTE PRO PORTION

263 kcal, 18 g F, 22 g EW, 3 g KH, 2 g BST

Zubereitungszeit:
25 Minuten

1 Die Eier glatt rühren und mit Salz und Pfeffer würzen. Die Pilze putzen und in Scheiben schneiden. Spinat in einem kleinen Topf ohne Wasser erhitzen, etwas salzen und gut ausdrücken. Kirschtomaten waschen und vierteln. In einer Pfanne ohne Öl die Pilze anbraten, mit Salz und Pfeffer abschmecken und zur Seite stellen. Die Tomaten salzen.

2 Eine große beschichtete Pfanne erhitzen. Circa 150 ml Eimasse hineingeben und stocken lassen. Dann umdrehen und von der anderen Seite backen. Auf diese Weise vorsichtig zwei weitere Omelettes backen.

3 Ein Omelette mit den Pilzen und Cheddar füllen und locker aufrollen. Auf das zweite Omelette Spinat und die Hälfte des Fetas geben und über der Füllung zusammenschlagen. Das dritte Omelette mit Tomaten und dem übrigen Feta füllen (wer mag, bestreut es noch mit frischem Basilikum) und locker aufrollen. Die Omelettes jeweils in der Mitte halbieren, mit Schnittlauchröllchen bestreuen und auf einer Platte anrichten.

FEBRUAR

Gemüsegurken schmecken mild und sind daher schon bei Kleinkindern beliebt – egal ob in dünnen Scheibchen, dicken Stücken oder als Stick.

FRISCH STATT MUFFIG

Zwiebel und Knoblauch hinterlassen einen unangenehmen Mundgeruch. Einfach eine Scheibe Gurke für eine Minute auf die Zunge legen und an den Gaumen drücken – das soll gegen schlechten Atem helfen.

! TIPP

Mit oder ohne Schale? Immer wieder geraten Gurken in die Kritik, weil sie oft mit Pflanzenschutzmitteln behandelt werden. Leider sitzen die wertvollen Inhaltsstoffe unter der Schale. Die Lösung: Gurken in Bio-Qualität kaufen. Dann die Gurken gut waschen und mit Schale bedenkenlos genießen.

WARENKUNDE

Gurke

Den milden Geschmack der grünen Stangen akzeptieren auch kleine Gemüsemuffel. Erwachsene schätzen die Vielseitigkeit. Denn Gurken schmecken roh, geschmort oder sauer eingelegt.

LEICHTER KNABBERSPASS

In 100 Gramm Gurke stecken 97 Gramm Wasser. Damit sind die grünen Stangen leichter Snack und Durstlöscher in einem. Sie punkten mit nur zwölf Kalorien (100 g), sättigen dank ihres hohen Ballaststoffgehaltes aber schnell.

INDISCHER KÜRBIS?

Vermutlich wuchsen Gurken bereits um 1500 v. Chr. in Indien. Nach Europa gelangten sie im Mittelalter. In Scheiben oder Stücken, roh oder gekocht – in unserer Küche betrachten wir die Gurke ganz klar als Gemüse. So eindeutig ist das aber gar nicht. Botanisch kann sie weder dem Gemüse noch dem Obst zugeordnet werden. Sie fällt in die Kategorie: Fruchtgemüse.
Die Pflanze gehört zu den Kürbisgewächsen. Ihre 10 bis 60 Zentimeter lange Frucht ist wegen der harten Außenschicht genau genommen eine Panzerbeere.
Man unterscheidet zwischen Salatgurken und Einlege- oder Gewürzgurken.

M
E

Veggie-Flammkuchen

Für 4 Personen

- 250 g Brotbackmischung für Bauernbrot
- 5 EL Frischkäse
- 3 EL Milch
- 250 g Tiefkühl-Blattspinat
- 1 Prise Muskat
- 6 Kirschtomaten
- 2 EL Mehl
- 70 g geriebener Emmentaler
- Salz und frisch gemahlener Pfeffer

Zubereitungszeit:
circa 1 Stunde, davon etwa 30 Minuten Gehzeit

1 Den Teig mit der Backmischung nach Angabe zubereiten und gehen lassen. In der Zwischenzeit den Frischkäse mit der Milch in einem kleinen Topf erwärmen und cremig rühren, salzen und pfeffern.

2 Backofen auf 200 Grad (Ober-/Unterhitze) vorheizen. Spinat in einem Topf nach Packungsangabe erwärmen, in einem Sieb gut ausdrücken, salzen, pfeffern und mit Muskat würzen.

3 Tomaten waschen und halbieren. Den Teig in vier Stücke teilen und auf der bemehlten Arbeitsfläche jeweils in etwa 1/2 cm dicke Kreise ausrollen. Spinat und Tomaten auf den Flammkuchen verteilen, mit Käse bestreuen.

4 Auf einem mit Backpapier ausgelegten Blech im Ofen (mittlere Schiene) etwa 15–20 Minuten backen.

NÄHRWERTE PRO PORTION

377 kcal, 13 g F, 17 g EW, 47 g KH, 2 g BST

Makkaroni & Cheese

Für 4 Personen

- 400 ml Milch
- 100 ml Wasser
- 1 Prise Salz
- 1 TL Senf
- 300 g Makkaroni-Nudeln
- 100 g geriebener Bergkäse (oder ein anderer würziger Käse)

Beilage:

- 2 Salatgurken
- 100 g Sauerrahm
- 1 EL Dillspitzen
- 1 EL Apfelessig
- Salz, Pfeffer

Zubereitungszeit:
25 Minuten

1 Salatgurken schälen und in kleine Würfel schneiden. Aus dem Sauerrahm, dem Apfelessig und den Dillspitzen ein cremiges Dressing rühren. Mit Salz und Pfeffer abschmecken. Dressing mit Gurkenwürfeln mischen, ziehen lassen.

2 Die Milch und das Wasser mit 1 Prise Salz in einem mittelgroßen Topf kurz aufkochen. Senf unterrühren. Die Nudeln in der köchelnden Milch bissfest garen. Sobald die Nudeln al dente sind, den Käse unterrühren.

4 Die heißen Nudeln sofort mit kühlem Gurkensalat servieren. Schmeckt super nach einem Aktiv-Tag draußen an der frischen Luft.

NÄHRWERTE PRO PORTION
477 kcal, 15 g F, 21 g EW, 62 g KH, 1 g BST

Bunter Würfelsalat

Für 4 Personen

- 200 g Bulgur
- 1 Prise Kurkuma
- 1 Salatgurke
- 2 Möhren (ca. 200 g)
- 2 Äpfel (ca. 200 g)
- 1 Dose Mais (Abtropfgewicht 285 g)
- 50 ml Apfelessig
- 50 g Sauerrahm
- 70 ml Rapsöl
- Zucker
- Salz und Pfeffer

Zubereitungszeit:
20 Minuten

1 Den Bulgur in 400 ml Kochwasser mit 1 TL Salz und dem Kurkuma quellen lassen. Auf vier Schälchen verteilen. Die Gurke und die Möhren schälen und alles in kleine Würfel schneiden. Äpfel waschen, entkernen und ebenfalls in kleine Würfel schneiden.

2 Mais abtropfen lassen. Sonnenblumenkerne rösten. Aus Apfelessig, Sauerrahm und Öl ein Dressing rühren. Mit Salz, Pfeffer und etwas Zucker abschmecken.

3 Das Gemüse nebeneinander auf dem Bulgur anrichten. Mit dem Dressing beträufeln. Für die Erwachsenen: Salat mit 50 g gerösteten Sonnenblumenkernen garnieren.

NÄHRWERTE PRO PORTION

460 kcal, 19 g F, 10 g EW, 57 g KH, 10 g BST

Meatball-Bowl

Für 4 Personen

- 500 g Bio-Rinderhackfleisch
- 2 Eier
- 50 ml Milch
- 50 g Semmelbrösel
- 2 EL gerebelter Oregano
- 1 EL Öl
- 400 ml passierte Tomaten
- 1 zerdrückte Knoblauchzehe
- 500 g gekochte Spaghetti
- 1 Salatgurke
- 2 EL Sauerrahm
- 1 EL getrockneter Dill
- 100 g geriebener Parmesan
- Salz und Pfeffer

Zubereitungszeit:
30 Minuten

1 Das Hackfleisch in einer Schüssel mit den Eiern und der Milch gut vermengen. Die Semmelbrösel unterkneten. Mit Oregano, Salz und Pfeffer abschmecken. Aus dem Fleischteig circa 20 Fleischbällchen formen. Das Öl in einer Pfanne erhitzen und die Fleischbällchen darin von allen Seiten anbraten.

2 Die passierten Tomaten mit dem Knoblauch sowie Salz und Pfeffer abschmecken und erhitzen. Die vorgekochten Spaghetti zur Tomatensauce geben und mit der Sauce erwärmen. In der Zwischenzeit die Gurke schälen und klein würfeln. Mit Sauerrahm und Dill mischen, mit Salz und Pfeffer abschmecken.

3 Die Tomatenspaghetti in tiefe Schüsseln füllen, mit jeweils 4 bis 5 Bällchen garnieren und je einen Klecks Gurkensalat in die Schüssel geben. Parmesan daraufstreuen.

NÄHRWERTE PRO PORTION

733 kcal, 38 g F, 47 g EW, 50 g KH, 1 g BST

Seelachs in Kräuter-panade

Für 4 Personen

- 90 g weiche Butter
- 60 g Semmelbrösel
- 1 EL Kräuter der Provence
- 5 g Zitronenabrieb
- 600 g Seelachsfilet
- Naturjoghurt zum Bestreichen
- Rapsöl
- Salz und Pfeffer
- 600 g mehligkochende Kartoffeln
- 300 g Knollensellerie
- 200 ml Milch (1,5 % Fett)

Zubereitungszeit:
25 Minuten

1 80 g Butter mit den Semmelbröseln, den Kräutern und dem Zitronenabrieb verkneten. Die Panade mit Salz und Pfeffer abschmecken.

2 Den Seelachs in vier Portionen teilen, die Oberseite mit Joghurt bestreichen und die Panade gleichmäßig auf dem Fisch andrücken. Mit etwas Rapsöl beträufeln. Den Ofen vorheizen. Den Fisch im Ofen bei 180 Grad circa 15 Minuten braten, bis die Panade goldgelb gebacken ist.

3 Für den Kartoffel-Sellerie-Stampf die Kartoffeln und den Knollensellerie schälen, grob würfeln und in Salzwasser garen. Anschließend das Wasser abgießen.

4 Kartoffeln und Sellerie mit der Milch und der restlichen Butter stampfen. Mit etwas Salz würzen.

NÄHRWERTE PRO PORTION

319 kcal, 18 g F, 27 g EW, 12 g KH, 1 g BST

NÄHRWERTE PRO PORTION

622 kcal, 25 g F, 25 g EW, 62 g KH, 9 g BST

Blumenkohl-auflauf

Für 4 Personen

- 1 Blumenkohl (circa 600 g)
- 800 g kleine festkochende Kartoffeln
- 100 g Tiefkühl-Erbsen

Für die Béchamel

- 80 g Butter
- 80 g Mehl
- 700 ml Milch (1,5 % Fett)
- 300 ml Gemüsebrühe
- 1 Prise Muskat
- Salz und Pfeffer (frisch gemahlen)
- 100 g Edamer (gerieben)
- 4 EL frisch gehackte Petersilie nach Belieben

Zubereitungszeit:
20 Minuten plus
35 Minuten Backzeit

1 Den Backofen vorheizen (175 Grad Umluft). Blumenkohl waschen, putzen und in kleine Röschen teilen. Kartoffeln schälen und circa 10 Minuten in Salzwasser vorgaren. Abgießen und mit dem Blumenkohl und den Tiefkühl-Erbsen in einer ofenfesten Form verteilen.

2 Für die Béchamelsauce die Butter bei mittlerer Hitze in einem kleinen Topf erhitzen, mit Mehl zu einer Mehlschwitze rühren und mit Milch und Gemüsebrühe unter ständigem Rühren langsam cremig rühren. Mit Muskat und Salz abschmecken.

3 Die Kartoffeln und den Blumenkohl mit der Béchamelsauce übergießen und mit Edamer bestreuen. Den Auflauf im Ofen etwa 35 Minuten auf der mittleren Schiene überbacken. Wer mag, kann ihn mit frischer Petersilie bestreuen.

MÄRZ

Eine Extraportion Vitamin C gefällig? In 100 Gramm Brokkoli stecken 95 Milligramm Vitamin C. Damit ist der Tagesbedarf von Frauen bereits gedeckt. Der grüne Kohl liefert fast 50 Prozent mehr Vitamin C als sein Verwandter, der Blumenkohl.

GETAUFT IN ITALIEN

Vermutlich stammt der Brokkoli aus dem Mittelmeerraum, rund um Anatolien. Von dort kam er nach Italien, wo er auch seinen Namen bekam: „Broccoli“ bedeutet Kohlsprossen.

! TIPP

Achten Sie beim Einkauf auf feste Röschen, die dunkel- bis bläulich grün leuchten – sie zeigen, wie frisch der Brokkoli ist. Das grüne Gemüse mag keine langen Lagerzeiten. Die Röschen werden schnell gelb, erst recht, wenn er neben Äpfeln, Bananen oder Zwetschgen liegt, die seine Reifung beschleunigen. Im Kühlschrank lässt er sich rund zwei Tage aufbewahren. Zum Einfrieren den Brokkoli in Röschen zerteilen, das Gemüse maximal zwei Minuten garen, dann im Eisbad den Garprozess unterbrechen. Im Gefrierbeutel gefroren hält er etwa ein Jahr.

WARENKUNDE

Brokkoli

Brokkoli ist vielseitiger, als Sie denken. So gibt es den grünen Kohl auch als violette oder fast schwarze Variante – das bringt Abwechslung.

DAS BESONDERE PLUS

Brokkoli enthält Folsäure, die besonders für Frauen mit Kinderwunsch und für Schwangere wichtig ist. Das Ungeborene braucht sie für die Ausbildung des Gehirns und des Rückenmarks. Damit der Körper die fettlöslichen Vitamine E, K und die Vitamin-A-Vorstufe Betacarotin besser aufnehmen kann, braucht es etwas Olivenöl.

VITAMIN-KICK

Das sattgrüne Kohlgewächs punktet mit Vitaminen der B-Gruppe, Vitamin C, E und K sowie den Mineralstoffen Kalzium, Magnesium, Eisen, Zink und Kalium. Zudem wirkt Brokkoli mit seiner Vielzahl an sekundären Pflanzenstoffen zellschützend. Auch stecken in 100 Gramm gerade mal 34 Kilokalorien und 0,2 Gramm Fett. Übrigens: Nicht nur die zarten Röschen und Sprossen, sondern auch der Strunk samt Blättern ist beim Brokkoli essbar. Einfach schälen, in Scheiben schneiden und mitkochen.

Brokkolisuppe mit Schinkenstreifen

1 Den Brokkoli putzen und in kleine Stücke teilen. Die Kartoffeln schälen und in Stücke schneiden. Den Apfel waschen, putzen und vierteln.

2 Das Gemüse und den Apfel in der Gemüsebrühe weich kochen und anschließend fein pürieren. Mit der Sahne abschmecken. Alles mit Salz und Pfeffer würzen.

3 Den Schinken in einer Pfanne ohne Öl anbraten. Dann die Suppe mit den Schinkenstreifen garniert servieren. Wer mag, gibt noch einen Löffel Crème fraîche dazu.

Für 4 Personen

- 500 g Brokkoli (circa 350 g, geputzt und gewogen)
- 150 g Kartoffeln
- 1 Apfel
- 300 ml Gemüsebrühe
- 100 ml Kochsahne (15 % Fett)
- 150 g Schinkenstreifen
- Salz, Pfeffer (frisch gemahlen)
- Crème fraîche nach Belieben

Zubereitungszeit:
20 Minuten

NÄHRWERTE PRO PORTION

202 kcal, 9 g F, 14 g EW, 14 g KH, 4 g BST

Fusilli mit Kräuterkruste

1 Backofen auf 160 Grad (Ober-/Unterhitze) vorheizen. Die Butter in sehr kleine Flocken schneiden. Mit den Semmelbröseln, dem Zitronenabrieb und den Gewürzen verkneten. Fusilli in Salzwasser halb gar kochen.

2 Die Tomaten mit Salz und Pfeffer würzen. Die Nudeln abgießen und mit den passierten Tomaten sowie dem Käse gut durchmischen.

3 Nudeln in eine ofenfeste Form geben und die Kräutermasse gleichmäßig darauf verteilen. Im Ofen etwa 20 Minuten goldgelb überbacken. Mit frischem Basilikum dekorieren.

Für 4 Personen

- 80 g Butter (zimmerwarm)
- 60 g Semmelbrösel
- 1 EL Zitronenabrieb
- 1 EL Thymian
- 1 EL Paprikapulver (edelsüß)
- 250 g Fusilli
- 300 g passierte Tomaten
- 100 g geriebener Mozzarella
- Salz, Pfeffer (frisch gemahlen)
- einige Basilikumblätter

Zubereitungszeit:
20 Minuten

NÄHRWERTE PRO PORTION

555 kcal, 25 g F, 18 g EW, 63 g KH, 2 g BST

Kartoffel-pizza

Für ein Backblech

- 500 g gegarte Kartoffeln (mehlig)
- 2 kleine Knoblauchzehen
- 2 Eier
- 100 g Mehl
- 100 g Bio-Rinderhackfleisch
- 2 EL schwarze entkernte Oliven oder 1 EL Kapern
- 100 g Mozzarella (gerieben)
- Salz, Pfeffer

Für den Salat:

- 1 Kopfsalat
- 2 EL Apfelmus
- 1 EL süßer Senf
- 70 ml Rapsöl
- 50 ml weißer Balsamico-Essig
- Salz, Pfeffer

Zubereitungszeit:
15 Minuten plus
35 Minuten Backzeit

1 Den Backofen vorheizen (180 Grad Umluft). Kartoffeln pellen und durch die Kartoffelpresse drücken. Knoblauch abziehen und durch die Knoblauchpresse drücken. Aus Kartoffeln, Knoblauch, Eiern, Mehl und etwas Salz einen glatten Teig kneten.

2 Ein Backblech mit Backpapier belegen und den Teig rechteckig oder rund auf dem Backblech in Form bringen. Das Hackfleisch zerkrümeln, mit Salz und Pfeffer würzen und auf dem Pizzaboden verteilen. Ebenso die Oliven oder Kapern oder beides aufstreuen. Die Pizza mit Mozzarella bestreuen. Im Ofen auf der mittleren Schiene in etwa 35 Minuten goldgelb und knusprig backen.

3 Den Salat waschen, putzen und in kleine Stücke zupfen. Für das Dressing Apfelmus, Senf, Öl und Essig mit dem Pürierstab gründlich vermischen. Mit Pfeffer und Salz abschmecken.

NÄHRWERTE PRO PORTION

553 kcal, 30 g F, 22 g EW, 45 g KH, 3 g BST

Wrap-Ecken

NÄHRWERTE PRO PORTION

126 kcal, 7 g EW, 4 g F, 14 g KH, 1 g BST

Für circa 6 Ecken

- 2 Tortilla-Wraps
- 50 g geriebener Mozzarella oder Emmentaler
- Lieblingsbelag nach Wahl, zum Beispiel Schinkenwürfel, Paprikastreifen, Tomaten, Mais, Frischkäse oder Kräuter

Zubereitungszeit:
15 Minuten

1 Einen Tortillafladen in einer beschichteten Pfanne erwärmen. Etwas Käse darüberstreuen. Den Wrap mit den Lieblingszutaten belegen oder bestreichen und darüber nochmals Käse streuen.

2 Mit einem zweiten Tortillafladen bedecken und fest andrücken. Den Tortillafladen dann wenden und von der anderen Seite kurz erwärmen. Der Käse muss schmelzen, denn er hält die Tortillafladen zusammen.

3 Den Fladen aus der Pfanne nehmen und etwas abkühlen lassen. Dann in sechs Dreiecke schneiden. Eine Portion in die Kita-Brotbox geben, der Rest ist für Mama und/oder Papa.

Bratwurst-Carbonara mit Brokkoli

Für 4 Personen

- 250 g Orecchiette
- 300 g Brokkoli
- 200 g Rindsbratwurst
- 1 TL Rapsöl
- 150 g Frischkäse
- 60 g geriebener Parmesan
- 50 ml Sahne
- Salz und Pfeffer (frisch gemahlen)

Zubereitungszeit:
20 Minuten

1 Orecchiette in Salzwasser nach Packungsangabe al dente kochen. Brokkoli waschen, putzen und in kleine Röschen teilen. In wenig Salzwasser in einem kleinen Topf bissfest garen.

2 In der Zwischenzeit die Bratwurst klein schneiden und in wenig Öl in einer Pfanne anbraten.

3 Nudeln abgießen, Brokkoliröschen ebenfalls. Frischkäse mit Parmesan und Sahne cremig rühren. Im Nudeltopf langsam erhitzen, bis die Sauce eindickt. Die Nudeln dazugeben und alles gut mischen. Mit Salz und Pfeffer würzen.

4 Zum Schluss die Bratwurst und die Brokkoliröschen zufügen, mit Salz und Pfeffer abschmecken und die Bratwurst-Carbonara in tiefen Tellern anrichten.

NÄHRWERTE PRO PORTION

602 kcal, 31 g F, 28 g EW, 49 g KH, 2 g BST

Vanille-Dinkel-Pfannkuchen

Für 4 Personen

- 300 g Dinkelmehl
- 3 Eier
- 350 ml Milch (1,5 % Fett)
- 1 Prise Salz, 1 TL Zucker
- Butter zum Ausbacken

Für die Füllung:
- 250 g Quark
- 1 Päckchen Vanillezucker
- Puderzucker zum Bestäuben

Zubereitungszeit: 20 Minuten

1 Mehl mit Eiern und Milch, Salz und Zucker mit einem Schneebesen zu einem feinen Teig rühren. Der Teig soll nicht klumpen.

2 Etwas Butter (ca. 1 TL) in einer kleinen Pfanne bei mittlerer Temperatur erhitzen. Eine Schöpfkelle mit Teig in die Pfanne gießen. Den Pfannkuchen von beiden Seiten circa 2 Minuten backen. So viele Pfannkuchen ausbacken, bis der Teig verbraucht ist.

3 Quark mit Vanillezucker cremig rühren. Auf je eine Hälfte der Pfannkuchen einen Esslöffel Quark verteilen. Die andere Hälfte über den Quark klappen. Pfannkuchen mit wenig Puderzucker bestäuben – fertig ist das schnelle Kinder-Lieblingsessen! Wer mag, mischt fein geschnittenes Obst unter den Quark.

NÄHRWERTE PRO PORTION

439 kcal, 9 g F, 25 g EW, 62 g KH, 3 g BST

APRIL

Lachs zählt zu den fettreichen Seefischen und liefert – wenn er in freier Wildbahn aufwachsen konnte – einen hohen Gehalt an Omega-3-Fettsäuren. Sie unterstützen die Entwicklung des kindlichen Gehirns und des Sehvermögens bereits in der Schwangerschaft.

100 KILOMETER

am Tag schwimmt ein Wildlachs flussaufwärts. Dabei überwindet das Kraftpaket auch Wasserfälle, indem es bis zu drei Meter hoch oder fünf Meter weit springt.

Quelle: Deutsche See Fischmanufaktur, Bremerhaven

!

SCHADSTOFFE

Wild- als auch Zuchtlachs sind zunehmend mit Schadstoffen wie Dioxinen und Polychlorierten Biphenylen (PCB) belastet. Zudem enthält kommerziell gezüchteter Lachs viel weniger Omega-3-Fettsäuren, da die Raubfische artfremd pflanzlich ernährt werden. In der Wildnis ernähren sie sich von Fischen, Zooplankton und anderen Meereslebewesen. Wenn es Lachs sein soll, dann aus nachhaltiger Zucht, greifen Sie am besten zu Produkten mit den Bio-Siegeln von Bioland und Naturland. Bei Wildlachs kann man auf Fanggebiet und -methode achten. Infos gibt es in den Verbraucherzentralen.

WARENKUNDE

Lachs

Geräuchert, gebraten, gedünstet – wir lieben Lachs. Leider gilt der Wanderfisch als belastete Fischart und sollte nur noch selten auf dem Teller landen.

WIESO IST LACHS ROSA?

Für die rosa Farbe sorgt das Pigment Astaxanthin, ein Karotinoid. Produziert wird es von Grünalgen und einzelligen Organismen, von denen sich Krabben und andere Krebstiere ernähren. Die wiederum stehen beim Lachs auf der Speisekarte. Je mehr er davon verspeist, desto mehr Astaxanthin reichert sich in seinem Fettgewebe an.

WERTVOLLE NÄHRSTOFFE

Neben den Omega-3-Fettsäuren enthält Lachs außerdem viel Jod. Davon können Schwangere, Stillende und Kinder profitieren. Außerdem liefert Lachs leicht verdauliches Protein, Vitamin D, Selen und B-Vitamine. In der Familienküche sollte Fisch immer nur gut durchgegart gegessen werden. Denn die Hitze tötet gefährliche Keime wie Listerien ab, die in rohem Fisch und Fleisch enthalten sein können.

Gegrilltes Fischfilet mit Goldtalern

Für 4 Personen

- 200 g Drillinge (kleine Frühkartoffeln, die man mit Schale essen kann)
- 200 g Möhren
- 100 g Zucchini
- 5 EL Olivenöl
- 500 g Lachsfilet
- 1 Knoblauchzehe
- Saft von 1 Zitrone
- Salz und frisch gemahlener Pfeffer

Zubereitungszeit:
circa 35 Minuten

1 Backofen auf 220 Grad (Ober-/Unterhitze) vorheizen. Kartoffeln und Möhren gut waschen und in etwa 3 mm dicke Scheiben schneiden. Zucchini waschen, die Enden abschneiden und in 5 mm dicke Scheiben schneiden.

2 Gemüse nebeneinander auf ein mit Backpapier belegtes Backblech legen. Mit 2 EL Olivenöl bepinseln und etwas salzen. Die Taler auf mittlerer Schiene circa 20 Minuten knusprig backen.

3 Fisch kurz abwaschen, trocken tupfen, salzen und pfeffern. Knoblauch schälen und klein schneiden. 3 EL Olivenöl in einer Pfanne erhitzen. Knoblauch kurz anrösten. Jetzt den Fisch im heißen Öl zuerst auf der Hautseite drei Minuten anbraten, dann umdrehen. Kurz weiterbraten. Zitronensaft auf den Fisch geben und mit den Goldtalern anrichten.

NÄHRWERTE PRO PORTION

427 kcal, 29 g F, 27 g EW, 13 g KH, 3 g BST

Schinkenröllchen mit Möhren

Für 4 Personen

- 8 junge Möhren (circa 600 g)
- 8 große Scheiben gekochter Schinken (circa 400 g)
- wenig Rapsöl
- 50 g Butter
- 50 g Mehl
- 400 ml Milch (1,5 % Fett)
- 1 Prise Muskat
- 1/2 Bund Petersilie (fein gehackt)
- 100 g geriebener Edamer
- 200 g Natur- oder Wildreis

Zubereitungszeit:
15 Minuten plus Koch- und Backzeit

1 Die Möhren schälen und putzen, im Ganzen etwa 3 bis 4 Minuten kurz in heißem Wasser garen. Anschließend mit Eiswasser abschrecken.

2 Je eine Möhre mit einer Schinkenscheibe umwickeln. Eine Auflaufform mit wenig Rapsöl einfetten. Die Schinkenröllchen nebeneinander in die Form legen.

3 Für die Béchamelsauce die Butter in einem kleinen Topf schmelzen lassen, das Mehl einrühren, die Schmelze etwas anbraten. Mit der Milch unter Rühren langsam andicken. Mit Salz und Muskat abschmecken. Die Petersilie unter die Béchamel rühren, die Sauce über die Schinkenröllchen gießen. Mit Käse bestreuen. Alles im Ofen bei 180 Grad etwa 35 bis 40 Minuten backen.

4 In der Zwischenzeit den Reis mit 450 ml Wasser zum Kochen bringen und nach Packungsangabe garen. Die überbackenen Schinkenröllchen mit dem Reis servieren.

NÄHRWERTE PRO PORTION

621 kcal, 20 g F, 37 g EW, 62 g KH, 6 g BST

Kartoffel-Möhren-Puffer mit Lachs …

Für 4 Personen

- 400 g festkochende Kartoffeln
- 300 g Möhren
- 1 EL geriebene Schalotte
- 1 Ei
- 100 g Mehl
- Rapsöl
- 100 g Sauerrahm
- Saft und Abrieb einer unbehandelten Bio-Zitrone
- 1/2 Bund frischer Dill (gewaschen und gehackt)
- 400 g Lachsfilet
- Salz und Pfeffer (frisch gemahlen)

Zubereitungszeit:
30 Minuten

1 Die Kartoffeln und Möhren schälen und fein reiben. Die Zwiebel abziehen, fein hacken und zum Gemüse geben. Ei und Mehl untermischen. Das Gemüse mit den Händen vermengen und mit Salz und Pfeffer abschmecken.

2 Das Öl in einer großen Pfanne erhitzen und aus dem Gemüse acht Puffer formen, fest zusammendrücken und im Öl in circa 10 Minuten knusprig ausbacken. Im warmen Ofen bis zum Servieren warm halten.

3 Den Sauerrahm mit Zitronenabrieb, Dill, Salz und Pfeffer cremig rühren. Den Lachs in etwas Rapsöl in der Pfanne von beiden Seiten braten. Mit Salz und Pfeffer würzen und mit Zitronensaft abschmecken. In vier Stücke teilen. Je ein Stück Lachs mit zwei Puffern auf Tellern anrichten. Mit einem Klecks Dillrahm servieren.

NÄHRWERTE PRO PORTION

502 kcal, 24 g F, 28 g EW, 41 g KH, 4 g BST

Spinatspätzle

1 Spätzle in einer beschichteten Pfanne kurz ohne Fett anbraten.

2 Die Sahne und die Brühe dazugeben und auf mittlerer Temperatur erhitzen.

3 Den Spinat dazugeben und miterhitzen. Zum Schluss den Käse zufügen.

4 Alles cremig rühren, mit Muskat, Salz und Pfeffer abschmecken.

Für 4 Personen

- 500 g Eierspätzle (Kühlregal)
- 150 g (saure) Sahne
- 150 ml Gemüsebrühe
- 100 g gehackter Spinat (TK)
- 100 g geriebener Emmentaler
- 1 Prise Muskat
- Salz und Pfeffer

Zubereitungszeit:
25 Minuten

NÄHRWERTE PRO PORTION

365 kcal, 16 g F, 16 g EW, 38 g KH, 1 g BST

Blumenkohl-pizza

NÄHRWERTE PRO PORTION

380 kcal, 25 g F, 28 g EW, 8 g KH, 5 g BST

Für 4 kleine Pizzen

- 1 großer Blumenkohl (circa 800 g, geputzt circa 650 g)
- 200 g geriebener Gouda
- 200 ml passierte Tomaten
- 1 EL italienische Kräuter
- 250 g Mozzarella (in Stücke gerupft)
- Salz und Pfeffer (frisch gemahlen)

Zubereitungszeit:
20 Minuten plus
20 Minuten Backzeit

1 Den Blumenkohl putzen und entweder mit dem Gemüsehobel oder der Küchenmaschine sehr fein häckseln. Den feinen Blumenkohl ganz kurz in einer Pfanne anbraten, mit dem Goudakäse verkneten und mit etwas Salz abschmecken.

2 Den Teig in vier Teile teilen und zu pizzarunden Stücken formen. Diese auf ein mit Backpapier ausgelegtes Backblech legen und fest andrücken.

3 Die passierten Tomaten mit den italienischen Kräutern sowie etwas Salz mischen und die Pizza-Teiglinge damit bestreichen. Mit Mozzarella belegen. Im Ofen bei 200 Grad etwa 20 Minuten backen.

Osterhase aus süßem Hefeteig …

Für 12 Personen

- 500 g Dinkelmehl
- 100 g Zucker
- 1 TL Salz
- 1 TL Kardamom
- 100 g Butter
- 250 ml Milch (1,5 % Fett)
- 1 Würfel Bäckerhefe (oder Trockenhefe, Zubereitung beachten!)
- 1 EL Zucker
- 1 Eigelb
- eine Handvoll Rosinen

Zubereitungszeit:
circa 40 Minuten
plus circa 20 Minuten Backzeit

1 Mehl mit Zucker, Salz und Kardamom mischen. Die Butter und die Milch in einem Topf erwärmen, kurz abkühlen lassen. Die Hefe in 5 EL lauwarmem Wasser mit 1 EL Zucker auflösen und in die lauwarme Milch rühren

2 Hefemilch zum Mehl geben und alles gut mit den Knethaken des Handrührgeräts verkneten. Teig mit einem Küchenhandtuch abdecken und an einem warmen Ort circa 45 Minuten gehen lassen.

3 Backblech mit Backpapier belegen. Den Teig noch einmal gut durchkneten und auf dem Backpapier etwa 1,5 cm dick ausrollen. Mit einem scharfen Messer zwei runde Hasengesichter sowie vier spitze Hasenohren ausschneiden. Ohren an die Teigköpfe kleben.

4 Aus den Resten kleine Ostereier formen. Je zwei Rosinen als Augen und eine als Nase in die Hasengesichter drücken. Hasen mit Eigelb bestreichen und im Ofen (Mitte, Umluft) bei 180 Grad 15–20 Minuten backen.

NÄHRWERTE PRO PORTION

280 kcal, 8 g F,
7 g EW, 43 g KH,
2 g BST

MAI

Am gesündesten ist frischer Mais direkt vom Feld, er enthält noch all seine wertvollen Nährstoffe. Beim Vorratskauf lieber die Tiefkühlvariante wählen als Mais in Dosen. Er liefert viel mehr Vitamine und Mineralstoffe.

2,5 MILLIONEN HEKTAR

Auf dieser Fläche wird in Deutschland Mais angebaut. Zum Vergleich: Mallorca misst nur etwa 364 000 Hektar. Der Großteil landet allerdings nicht auf unseren Tellern, sondern wird als Futtermais verwendet oder zur Einspeisung in Biogasanlagen.

Quelle: Deutsches Maiskomitee

WARENKUNDE

Mais

In Deutschland gibt es laut dem Deutschen Maiskomitee 750 Maissorten. Auf unsere Teller kommt aber nur eine Sorte – der süße Zuckermais.

AUS DER MEDIZIN

Als Hilfsstoff dient Mais auch zur Tablettenherstellung. Normalerweise wird Weizenstärke als Klebemittel verwendet. Für Menschen mit Zöliakie ist das jedoch ein Problem. Sie vertragen das Klebeeiweiß Gluten nicht, das in Weizenstärke steckt. Maisstärke eignet sich ebenfalls als Klebemittel, ist aber glutenfrei und somit für Zöliakiebetroffene gut verträglich.

BITTE ZUGREIFEN

Salat, Suppe oder Pasta: Mais ist vielseitig einsetzbar. Im Gegensatz zu anderen Getreidesorten enthält Mais kein Gluten, sodass auch Menschen mit Zöliakie ihn vertragen. Schwangere profitieren von den Ballaststoffen, Vitaminen und Mineralstoffen. So enthält Mais verschiedene B-Vitamine, Kalium, Magnesium und Zink. Folsäure und Eisen sind auch enthalten – Nährstoffe, die in der Schwangerschaft besonders gefragt sind. Zerdrückt dürfen auch schon Babys die kleinen gelben Kügelchen als Breizutat essen. Für die Kleinen ein Vorteil, denn so kann das noch unreife Verdauungssystem die Inhaltsstoffe verwerten.

Käse-sandwiches

1 Den Frischkäse mit den Preiselbeeren mischen. Jede Brotscheibe mit der Frischkäsecreme bestreichen.

2 Auf vier Brote je eine Scheibe Cheddar legen, mit Kresse bestreuen. Mit den restlichen Brotscheiben zuklappen. Die Brote diagonal in kleine Dreiecke schneiden.

TIPP

Preiselbeeren schmecken roh leicht säuerlich und etwas bitter. Wem das zu herb ist, der kann die Preiselbeeren auch durch etwas Himbeerkonfitüre ersetzen.

8 Mini-Sandwiches für 4 Personen

- 60 g Frischkäse
- 10 g Preiselbeeren
- 8 Scheiben saftiges Roggen-Kastenbrot (fein gemahlen)
- 4 Scheiben Cheddar-Käse
- 1 Kästchen Kresse

Zubereitungszeit:
10 Minuten

NÄHRWERTE PRO PORTION

298 kcal, 12 g F, 13 g EW, 31 g KH, 6 g BST

Italienischer Erbsensalat

1 Die Erbsen in einer Schüssel auftauen lassen. Möhren schälen und in kleine Würfel schneiden. Paprika waschen, putzen und entkernen. Das Fruchtfleisch ebenfalls klein würfeln. Möhren- und Paprikawürfel zu den Erbsen geben.

2 Parmesan daruntermischen. Knoblauch abziehen und durch die Knoblauchpresse drücken. Zitronensaft und -abrieb, Olivenöl und Knoblauch vermengen, mit Salz und Pfeffer würzen. Das Dressing unter den Erbsensalat mischen.

Für 4 Personen

- 1 kg Tiefkühl-Erbsen
- 100 g Möhren
- 2 gelbe Paprikaschoten
- 200 g Parmesan (frisch gerieben)
- 1 Knoblauchzehe
- Saft und Abrieb einer Bio-Zitrone
- 6 EL Olivenöl
- Salz und Pfeffer, frisch gemahlen

Zubereitungszeit:
20 Minuten

NÄHRWERTE PRO PORTION
669 kcal, 39 g F, 34 g EW, 37 g KH, 16 g BST

JF
B15

Kräuteromelette

1 Eier und Milch schaumig rühren. Schnittlauch waschen, trocknen, fein hacken und hinzufügen. Eimischung mit Salz und Pfeffer würzen.

2 Butter in einer beschichteten Pfanne zerlassen. Eimasse in die Pfanne gießen und circa 5 Minuten bei mittlerer Hitze stocken lassen. Omelette vorsichtig umdrehen und von der anderen Seite etwa 3 Minuten fertig backen.

3 Die Tomaten waschen und vierteln. Schalotte abziehen und in feine Ringe schneiden. Tomaten mit Zwiebel und Parmesan mischen, mit Olivenöl, Salz und Pfeffer würzen.

4 Omelette in Stücke teilen und mit Tomatensalat servieren.

Für 4 Personen

- 6 Eier
- 100 ml Milch
- 1 Bund Schnittlauch
- Salz und Pfeffer, frisch gemahlen
- 2 EL Butter

Dazu Tomatensalat:

- 200 g Kirschtomaten
- 1 kleine Schalotte
- 50 g gehobelter Parmesan
- 2 EL Olivenöl

Zubereitungszeit:
15 Minuten

NÄHRWERTE PRO PORTION

323 kcal, 27 g F, 16 g EW, 4 g KH, 1 g BST

Risotto mit Möhrchen-Mais-Knusper

Für 4 Personen

- 3 Möhren
- 1 Dose Mais (285 g Abtropfgewicht)
- 2 EL Rapsöl
- Salz und Pfeffer
- 200 g Kirschtomaten
- 200 g Risottoreis
- 1 EL Olivenöl
- circa 500 bis 600 ml heiße Gemüsebrühe oder Hühnerbrühe
- 100 g Parmesan (frisch gerieben)

Zubereitungszeit:
45 Minuten

1 Möhren schälen und in kleine Würfel schneiden. Mais abgießen.

2 Rapsöl in einer Pfanne erhitzen, Mais und Karottenwürfel darin knusprig braten. Mit etwas Salz und Pfeffer würzen.

3 Die Kirschtomaten halbieren. Den Reis in Olivenöl in einem Topf anbraten. Nach und nach unter ständigem Rühren die heiße Brühe zugießen. Risotto etwa 35 Minuten köcheln lassen.

4 Die Kirschtomaten untermischen und kurz mit anbraten. Zum Schluss den Parmesan unterziehen und den Risotto cremig rühren. Mit Mais und Möhren bestreut servieren.

NÄHRWERTE PRO PORTION

520 kcal, 23 g F, 16 g EW, 58 g KH, 7 g BST

Chicken-Nuggets mit Kartoffelbrei

Für 4 Personen

- 800 g mehligkochende Kartoffeln
- 300 g Hähnchenbrust
- ca. 50 g Vollkornmehl
- 2 Eier
- ca. 50 g Semmelbrösel
- ca. 50 g Cornflakes
- 100 ml Rapsöl
- 2 EL Butter
- 200 ml Milch (1,5 % Milch)
- Salz und Pfeffer, 1 Prise Muskat

Zubereitungszeit:
35 Minuten

1 Kartoffeln schälen und in einem Topf in Salzwasser zum Kochen bringen. In der Zwischenzeit die Hähnchenbrust waschen, trocken tupfen und in kleine Stücke schneiden.

2 Auf drei tiefen Tellern jeweils Mehl, verrührte Eier und Semmelbrösel mit zerdrückten Cornflakes anrichten. Hähnchenbruststücke erst in Mehl, dann in Ei und zum Schluss in Cornflakes-Panade wenden.

3 Rapsöl in einer Pfanne erhitzen. Die Nuggets im heißen Öl von beiden Seiten goldgelb ausbacken. Auf ein Küchenpapier legen und überschüssiges Öl abtropfen lassen.

4 Die weichen Kartoffeln abgießen, Butter und Milch zugeben und zu einem Brei stampfen. Mit Salz, Pfeffer und Muskat abschmecken.

NÄHRWERTE PRO PORTION

607 kcal, 25 g F, 31 g EW, 61 g KH, 5 g BST

Nudelnester

Für 12 Stück

- 250 g breite Bandnudeln
- 250 g Möhren
- 2 EL Rapsöl
- 2 Eier
- 50 ml Kochsahne (15 % Fett)
- 100 g geriebener Mozzarella
- 1 Prise gemahlene Muskatnuss
- Salz und Pfeffer

Außerdem: 1 Muffinform

Zubereitungszeit:
20 Minuten plus
20 Minuten Backzeit

1 Die Nudeln nach Packungsangabe in Salzwasser bissfest kochen und abgießen. Die Möhren schälen und mit dem Sparschäler rundherum in lange, feine Streifen schneiden. Rapsöl in einer Pfanne erhitzen, die Möhrenstreifen darin etwa 5 Minuten dünsten. Mit Salz und Pfeffer abschmecken.

2 Die Eier mit der Sahne verquirlen, mit etwas Muskat und Salz würzen. Die Nudeln in eine Schüssel geben, mit Möhrenstreifen, Mozzarella und Ei-Sahne-Mischung vermengen.

3 Die Mulden der Muffinform etwas einfetten, die Förmchen mit der Nudelmasse befüllen. Die Mini-Nudelnester im Ofen bei 180 Grad (Mitte, Umluft) circa 20 Minuten backen. Die Nudelnester erkalten lassen, mit einem Löffel vorsichtig aus der Form heben.

NÄHRWERTE PRO STÜCK

153 kcal, 6 g F, 6 g EW, 17 g KH, 1 g BST

Konfettisalat

NÄHRWERTE PRO PORTION

521 kcal, 29 g F, 10 g EW, 45 g KH, 15 g BST

Für 2 Personen

- 1/2 Gurke
- 3 Möhren
- 1 rote Paprika
- 1 Dose Mais (ca. 140 g Abtropfgewicht)
- 1 Dose Kidneybohnen (ca. 125 g Abtropfgewicht)
- 4 EL Rapsöl
- 2 EL Apfelessig
- 4 EL Tomatensaft
- 1 EL Ahornsirup
- Salz, frisch gemahlener Pfeffer

Zubereitungszeit:
15 Minuten

1 Zuerst Gurke und Möhren schälen, Paprika waschen und putzen. Das Gemüse in feine, circa einen halben Zentimeter breite Streifen schneiden, dann klein würfeln. Anschließend den Mais und die Kidneybohnen in einem Sieb abtropfen lassen und mit den Gemüsewürfeln in einer Schüssel vermischen.

2 Aus dem Öl, dem Essig, dem Tomatensaft und dem Ahornsirup ein Dressing rühren. Mit Salz und Pfeffer abschmecken. Das Dressing über den Salat geben und alles gut durchmischen.

TIPP

Sie lieben Kräuter? Mit klein geschnittenem Schnittlauch oder Petersilie landen noch ein paar Extra-Konfettistreusel im Salat.

Grillgemüse mit Bohnen-hummus

Für 4 Personen

- 300 g junge Möhren
- 300 g Zucchini
- je 1 rote und gelbe Paprikaschote
- Olivenöl

Für das Hummus

- 200 g Cannellini-Bohnen
- 3 EL Tahini
- 2 Knoblauchzehen
- 4 EL Olivenöl
- Saft einer Zitrone
- Salz

Zubereitungszeit:
20 Minuten

NÄHRWERTE PRO PORTION

330 kcal, 23 g F, 9 g EW, 18 g KH, 6 g BST

1 Möhren der Länge nach halbieren. Zucchini waschen, putzen und der Länge nach vierteln. Paprika waschen, putzen, das Fruchtfleisch in 3 cm breite Streifen schneiden. Das Gemüse leicht mit Olivenöl einstreichen und etwas salzen. Den Grill des Backofens auf 200 Grad vorheizen und das Gemüse 12 Minuten grillen.

2 In der Zwischenzeit die Bohnen abgießen, mit dem Tahini, den Knoblauchzehen, dem Olivenöl sowie dem Zitronensaft mit dem Pürierstab zerkleinern. Mit Salz abschmecken.

JUNI

Erntezeit! Ende Juni werden die weißen und roten Johannisbeeren reif. Ihr Name leitet sich auch vom Johannistag ab – dem Hochfest der Geburt Johannes des Täufers am 24. Juni. Die schwarzen Beeren brauchen ein paar Wochen länger.

KÜGELCHEN VOLLER POWER

Egal in welcher Farbe – Johannisbeeren enthalten viele wichtige Vitamine und Mineralstoffe wie Kalium, Kalzium, Phosphor und Eisen. Ganz besonders aber die schwarzen Beeren haben es in sich. Neben viel Vitamin C stecken auch Vitamin E und Betacarotin in ihnen. Letzteres wandelt der Körper in Vitamin A.

REICH AN VITAMIN C

Die schwarzen Beeren haben es in sich: 100 Gramm trumpfen mit 177 Milligramm Vitamin C auf und stellen damit sogar Zitronen in den Schatten. Die enthalten gut ein Drittel weniger Vitamin C. Damit lässt sich der Tagesbedarf von Erwachsenen (95 bis 110 Milligramm) und Kindern bis vier Jahren (20 Milligramm) jeweils mit einer Handvoll Beeren decken.

WARENKUNDE

Johannisbeere

Das saftige Superfood peppt Müsli, Eis und Kuchen auf. Doch am besten nascht man die weißen, roten und schwarzen Beeren pur.

VORSICHT GEBOTEN

Da die kleinen Kügelchen der Johannisbeeren leicht verschluckt werden und so in die Luftröhre gelangen können, sollten Babys und Kinder sie nicht pur essen. Besser: Die Beeren mit einer Gabel zerdrücken oder durch ein Sieb pressen. So können auch die Kleinsten die Johannisbeeren genießen.

AM BESTEN FRISCH

Um in den vollen Genuss der wichtigen Inhaltsstoffe zu kommen, sollten Johannisbeeren am besten frisch und direkt von der Rispe gezupft gegessen werden. Am einfachsten trennt man die Beeren übrigens mit einer Gabel oder einem breitzinkigen Kamm von der Rispe. Einen Haken haben die Johannisbeeren jedoch. Sind sie einmal reif, sind sie sehr empfindlich. Wer länger etwas von den Fruchtkügelchen haben will, friert sie nach der Ernte ein.

Rotes Pesto mit Spaghetti

Für 4 Personen

- 250 g getrocknete Tomaten, in Wasser eingeweicht
- 1 Knoblauchzehe
- 40 g Mandeln (schmeckt auch ohne Mandeln)
- 80 g Parmesan (incl. 30 g zum Bestreuen)
- 80 ml Olivenöl
- 4 – 5 EL Wasser
- Salz und frisch gemahlener Pfeffer
- 350 g Spaghetti (idealerweise Dinkel- oder Vollkornspaghetti)
- eine Handvoll Basilikumblätter

Zubereitungszeit: 30 Minuten

1 Tomaten in einen Mixer oder ein hohes Gefäß geben. Knoblauch abziehen. Die Mandeln in einer Pfanne ohne Öl etwa 5 Minuten rösten. Knoblauch, Mandeln, 50 g Parmesan, Öl und Wasser zu den Tomaten geben und im Mixer oder mit einem Pürierstab cremig rühren. Mit Salz und Pfeffer abschmecken.

2 Einen großen Topf mit Salzwasser zum Kochen bringen. Die Spaghetti darin nach Packungsangabe bissfest garen. Spaghetti abgießen und anrichten. Einen Klecks Pesto auf die Spaghetti geben und mit geriebenem Parmesan und frischem Basilikum anrichten.

TIPP

Rotes Pesto ist ein vitaminreicher Butterersatz für belegte Brote und Sandwiches.

NÄHRWERTE PRO PORTION

687 kcal, 34 g F, 22 g EW, 67 g KH, 2 g BST

Lachsspieße vom Grill

Für 4 Personen

- 1 Zucchini (ca. 150 g)
- 200 g Drillinge (kleine, junge Kartöffelchen)
- 200 g Kirschtomaten
- 300 g Tiefkühl-Lachsfilet (ersatzweise 300 g Hühnerbrust, ganz nach Belieben)
- 2 EL Sonnenblumen- oder Rapsöl
- 1 halbe Zitrone
- Salz und Pfeffer, frisch gemahlen

Außerdem: 4 Grillspieße und 1 Grillschale

Zubereitungszeit: 25 Minuten

1 Die Zucchini waschen und in circa 2 cm dicke Scheiben schneiden. Kartoffeln waschen, trocknen und halbieren. Tomaten ebenfalls waschen.

2 Lachs oder Hühnerbrust in ca. 2 x 2 cm große Würfel schneiden. Die Zutaten abwechselnd auf die Spieße stecken.

3 Mit etwas Sonnenblumen- oder Rapsöl beträufeln und mit Salz und Pfeffer würzen. Die Spieße in der Grillschale etwa 25 Minuten grillen, dabei ab und zu wenden. Mit Zitronensaft beträufeln.

NÄHRWERTE PRO PORTION

261 kcal, 16 g F, 17 g EW, 10 g KH, 2 g BST

Johannisbeer-Tarte

…

Für 8 Stück

- 1 EL Butter
- 1 Rolle Blätterteig (275 g)
- 250 g Johannisbeeren
- 250 ml Backsahne (15 % Fett)
- 4 Eier
- 50 g Zucker
- 1 Msp. Vanillepulver

Außerdem: 1 Springform mit 26 cm Durchmesser

Zubereitungszeit:
15 Minuten plus Backzeit

1 Backofen auf 200 Grad vorheizen. Eine Springform mit der Butter einfetten. Die Form mit dem Blätterteig auslegen. Einen circa 4 cm hohen Rand auskleiden. Den Boden mit einer Gabel mehrmals einstechen.

2 Die Johannisbeeren verlesen und waschen, in einem Sieb gut abtropfen lassen. Die Sahne mit den Eiern und dem Zucker sowie dem Vanillepulver verrühren. Die Sahnemischung auf den Blätterteig geben. Die Hälfte der Beeren gleichmäßig auf der Creme verteilen.

3 Die Tarte im Ofen (Mitte Umluft) etwa 30 Minuten backen. Nach circa 10 Minuten Backzeit die zweite Hälfte der Beeren auf die Tarte geben.

NÄHRWERTE PRO STÜCK

289 kcal, 20 g F, 6 g EW, 19 g KH, 2 g BST

Bunter Couscous-salat

Für 4 Personen

- 200 g Couscous
- ca. 350 ml Gemüsebrühe
- 1 Zucchini
- 250 g Kirschtomaten
- 1 Dose Kichererbsen (ca. 220 g Abtropfgewicht)
- Saft und Abrieb von 1 Bio-Zitrone
- 5 EL Olivenöl
- 1 Bund Basilikum
- Salz und Pfeffer, frisch gemahlen

Zubereitungszeit:
ca. 20 Minuten

1 Couscous nach Packungsangabe in der Brühe quellen lassen. Zucchini waschen, die Enden abschneiden, Zucchini fein würfeln. Mit 1 EL Olivenöl in einer beschichteten Pfanne circa 5 Minuten anbraten.

2 In der Zwischenzeit die Tomaten waschen und vierteln. Die Kichererbsen abgießen und kurz unter kaltem Wasser abspülen. Dann die Zucchini, Tomaten und Kichererbsen unter den Couscous mischen.

3 Zitrone abreiben und auspressen. Den Saft und Abrieb mit dem restlichen Olivenöl vermischen und zum Salat geben. Zum Schluss: mit Salz und Pfeffer würzen und mit dem gezupften Basilikum servieren.

NÄHRWERTE PRO PORTION

464 kcal, 23 g F, 12 g EW, 48 g KH, 8 g BST

Picknick-Tramezzini

Für 8 Tramezzini-Dreiecke

Cremig-fruchtig:

- 4 Scheiben Tramezzini-Weißbrot (oder weiches Toastbrot ohne Rinde)
- 200 g Frischkäse
- 50 g frische Johannisbeeren
- Salz und frisch gemahlener Pfeffer

Italienisch-pikant:

- 4 Scheiben Tramezzini-Weißbrot
- 4 EL Pesto (Rezept links)
- 1/2 Zucchini (ca. 200 g)
- 1 EL Olivenöl
- 150 g Frühstücksspeck

Zubereitungszeit:
10 Minuten

1 Cremig-fruchtig: Tramezzini-Brote nebeneinanderlegen. Alle Brote mit Frischkäse bestreichen. Johannisbeeren waschen, vom Stiel zupfen und in den Frischkäse drücken. Mit wenig Salz und Pfeffer würzen. Die Hälften aufeinanderlegen und die Brote diagonal in vier Dreiecke schneiden.

2 Italienisch-pikant: Für die Zucchini-Ecken Tramezzini-Brote nebeneinanderlegen. Pesto auf die Brote streichen.

3 Zucchini waschen und in feine Streifen schneiden. Mit wenig Öl in der Grillpfanne kurz dünsten. Speck in derselben Pfanne anbraten. Brote mit Zucchini und Speck belegen, zusammenklappen und diagonal in vier Dreiecke schneiden.

NÄHRWERTE PRO PORTION

699 kcal, 52 g F, 17 g EW, 39 g KH, 4 g BST

JULI

Aus der mediterranen Küche ist Fenchel kaum wegzudenken. Sein würziges Aroma wird beim Dünsten oder Braten viel milder. Als Teezutat beruhigt er den Magen und als Gemüse im Babybrei bringt er Abwechslung in die Beikost.

LÄNGER FRISCH

Nach dem Einkauf das Fenchelgrün abzupfen, klein hacken und in einen Eiswürfelbehälter geben, mit Olivenöl auffüllen und einfrieren. Wieder aufgetaut, eignet sich das Grün für Salatdressings oder als Zutat für ein grünes Pesto. Die Knolle sollte nicht länger als drei bis vier Tage im Gemüsefach des Kühlschranks gelagert werden. Sonst gehen zu viele Vitamine verloren.

WÜRZIGER GESCHMACK

Der intensive Geschmack der Heilpflanze Fenchel rührt von den ätherischen Ölen Anethol und Fenchon her. Die gesunde Knolle enthält reichlich Kalium – das ist gut für Muskeln und Nerven. Fenchel punktet auch mit Eisen, das ist besonders wichtig für Schwangere und Stillende, weil das Kind Eisen für die Blutbildung braucht. Schwangere profitieren außerdem von der enthaltenen Folsäure. Vitamin C stärkt das Immunsystem. Provitamin A – auch als Betacarotin bekannt – wird vom Körper in Vitamin A umgewandelt und ist gut für Zellwachstum, Augen und Haut.

WARENKUNDE

Fenchel

Von der Knolle bis ins krause Grün kann das würzige Gemüse verwertet werden. Ganz nebenbei punktet Fenchel auch als Heilpflanze.

GESUNDHEITS-PLUS

Die ätherischen Öle des Fenchels, Anethol und Fenchon, wirken antibakteriell, verdauungsfördernd und krampflösend. Der Tee – häufig werden Fenchelsamen mit Anis und Kümmel kombiniert – kann daher Husten, Schnupfen und Blähungen lindern. Das vermag auch Fenchelhonig – aber wie jeder Honig ist er für Kinder erst ab einem Jahr geeignet. Fragen Sie am besten in der Apotheke nach Arznei-Fenchelhonig in kindgerechter Dosierung.

Gerösteter Brotsalat

1 Die Toastbrote knusprig toasten und in mundgerechte Stücke schneiden. Die Tomaten waschen und vierteln. Den Emmentaler in kleine Würfel schneiden. Den Speck würfeln und in einer beschichteten Pfanne ohne Fett knusprig braten.

2 Petersilienblättchen hacken. Alle Zutaten in einer Schüssel mischen. Aus Öl, Essig, Salz, Pfeffer und Zucker ein Dressing rühren. Den Toastsalat mit dem Dressing gut durchmischen.

Für 4 Personen

- 6 Scheiben Vollkorntoast
- 8 Kirschtomaten
- 80 g Emmentaler am Stück
- 4 Scheiben Speck
- 1 Stängel Petersilie

Für das Dressing:

- 2 EL Olivenöl
- 1 EL weißer Balsamico
- Salz, Pfeffer
- 1 Prise Zucker

Zubereitungszeit:
20 Minuten

NÄHRWERTE PRO PORTION

346 kcal, 25 g F, 11 g EW, 19 g KH, 3 g BST

NÄHRWERTE PRO PORTION
190 kcal, 8 g F, 11 g EW, 16 g KH, 5 g BST

Gemüseplatte mit dreierlei Dips

Für 4 Personen als Vorspeise

- 1 Fenchelknolle und 1/2 Gurke
- 3 mittelgroße Möhren
- je 1 gelbe und rote Paprika

Für die Dips:

- 150 g Sauerrahm und 150 g Joghurt
- 150 g Speisequark
- Salz und Pfeffer (frisch gemahlen)

Außerdem:

- 100 g Kichererbsen (Dose)
- 1/2 TL gemahlener Kreuzkümmel
- 1 Schuss Zitronensaft
- 3 kleine Tomaten (fein gewürfelt)
- 1 TL Oregano (getrocknet)
- 1 TL Abrieb von 1 Bio-Zitrone

Zubereitungszeit:
20 Minuten

1 Fenchel waschen, putzen, in schmale Streifen schneiden. Die Gurke schälen und in Sticks schneiden. Möhren schälen und in sehr feine, lange Sticks schneiden. Die Paprika waschen, putzen und in schmale Streifen schneiden. Die Gemüsesticks stehend in vier Gläsern anrichten.

2 Für die Dips Sauerrahm, Joghurt und Speisequark glatt rühren. Mit Salz und Pfeffer abschmecken und auf drei Schalen verteilen.

3 Für den Kichererbsen-Dip die Kichererbsen in einem Sieb abtropfen lassen, in einem hohen Gefäß mit dem Pürierstab fein pürieren, zum ersten Cremeschälchen geben und mit Kreuzkümmel und etwas Zitronensaft würzen.

4 Für den Tomaten-Dip die Tomatenwürfel und den Oregano mit der Creme im zweiten Schälchen verrühren.

5 Für den Zitronen-Dip die letzte Creme mit dem Zitronenabrieb mischen. Die drei Dips zu den bunten Gemüsesticks servieren.

Für 4 Personen

- 500 g mehligkochende Kartoffeln
- 500 g Zucchini
- 2 EL Rapsöl
- 10 g fein geriebene Zwiebel
- 200 g Rinderhackfleisch
- Salz und Pfeffer
- 150 ml Milch
- 20 g Butter
- 1 Knoblauchzehe (geschält und zerdrückt)

Zubereitungszeit:
20 Minuten plus Kochzeit

Zucchini-Stampf mit Hackbröseln

1 Die Kartoffeln in Salzwasser garen. In der Kochzeit die Zucchini waschen und putzen, in Stücke schneiden und in einer Pfanne in 1 EL Rapsöl anbraten.

2 Die gebratene Zucchini mit dem Pürierstab pürieren. Die Zwiebel im restlichen Öl anbraten, das Hackfleisch dazugeben, krümelig braten und mit Salz und Pfeffer abschmecken.

3 Die Kartoffeln abgießen, mit der Milch und der Butter im Topf heiß werden lassen und mit dem Kartoffelstampfer fein zerdrücken.

4 Das Zucchinimus untermischen. Mit Knoblauch und Salz abschmecken. Das Püree auf vier Teller verteilen und das Hackfleisch über den Stampf geben.

5 Das passt dazu: ein gemischter Salat aus Blattsalaten, Tomaten und Fenchelstreifen.

NÄHRWERTE PRO PORTION

347 kcal, 19 g F, 17 g EW, 25 g KH, 3 g BST

Möhrennudeln in Zitronen-sauce

Für 4 Personen

- 1 Schalotte
- 200 g Möhren
- 250 g Bandnudeln
- 1 EL Rapsöl
- Saft und Abrieb von 1 Bio-Zitrone
- 300 ml Gemüsebrühe
- 100 g Frischkäse
- Salz und weißer Pfeffer (frisch gemahlen)

Wer mag: Parmesan (frisch gerieben)
- Petersilie, frisch gehackt

Zubereitungszeit:
20 Minuten

NÄHRWERTE PRO PORTION
384 kcal, 14 g F, 11 g EW, 51 g KH, 2 g BST

1 Die Schalotte abziehen und sehr fein hacken. Die Möhren schälen, die Enden abschneiden. Die Möhren mit dem Sparschäler der Länge nach in feine Streifen schneiden. Die Nudeln in Salzwasser nach Packungsangabe al dente kochen.

2 Das Öl in einer hohen Pfanne erhitzen, Schalotte darin glasig dünsten. Die Möhrennudeln dazugeben und circa 5 Minuten mitbraten. Saft und Abrieb der Zitrone zufügen. Gemüsebrühe und Frischkäse dazugeben und cremig rühren. Mit Salz und Pfeffer abschmecken.

3 Die Nudeln abgießen und gut abtropfen lassen. Bandnudeln unter die Möhrensauce mischen und auf tiefe Teller verteilen. Wer mag, mit Parmesan und gehackter Petersilie bestreuen.

Fenchel aus dem Ofen mit Fisch

Für 4 Personen

- 2 große Fenchelknollen (ca. 600 g)
- 400 g Drillinge
- 3 EL Olivenöl
- 300 g grätenfreies Seelachs- oder Lachsfilet
- 100 g Kirschtomaten
- Salz, frisch gemahlener Pfeffer

Zubereitungszeit:
20 Minuten plus
35 Minuten Backzeit

1 Den Fenchel waschen, putzen und in feine Streifen schneiden. Auf einem mit Backpapier belegten Blech verteilen. Die Drillinge waschen und ebenfalls in schmale Streifen schneiden. Mit den Fenchelstreifen mischen.

2 Auf die gewaschenen Hände Olivenöl geben und das Gemüse damit einreiben. Anschließend leicht salzen.

3 Den Fisch sicherheitshalber auf Gräten absuchen und diese entfernen. Filet klein würfeln. Mit Salz und Pfeffer würzen.

4 Fenchel- und Kartoffelstreifen im vorgeheizten Ofen bei 200 Grad 35 Minuten backen. Kirschtomaten halbieren und mit dem Fisch in den letzten 5 Minuten auf das Gemüse geben und mitbraten. Am Schluss eventuell etwas gehacktes Fenchelgrün darüberstreuen.

NÄHRWERTE PRO PORTION

272 kcal, 12 g F, 17 g EW, 21 g KH, 5 g BST

NÄHRWERTE PRO STÜCK

311 kcal, 22 g F, 13 g EW, 13 g KH, 2 g BST

Für ca. 12 Stück

- 4 Eier
- 200 g Magerquark
- 200 g Frischkäse
- 250 g Ricotta
- 150 g Emmentaler (gerieben)
- 100 g Pumpernickel
- 100 g Vollkornsemmelbrösel
- 100 g Butter
- Salz und Pfeffer, frisch gemahlen

Für den Orangen-Fenchel-Salat:

- 2 Orangen
- 1 Fenchel
- 1 EL Olivenöl
- Salz und Pfeffer, frisch gemahlen

Zubereitungszeit:
25 Minuten, Backzeit: 50 Minuten, Abkühlzeit: 40 Minuten

Herzhafter Käsekuchen

1 Backofen vorheizen (170 Grad Umluft). Die Eier trennen und die Eiweiße mit 1 Prise Salz zu Eischnee schlagen. Magerquark, Frischkäse, Ricotta und Eigelbe verquirlen und den Emmentaler unterrühren. Mit Salz und Pfeffer pikant würzen. Zum Schluss den Eischnee unterheben.

2 Pumpernickel zerkrümeln und mit den Semmelbröseln mischen. Die Butter in einem kleinen Topf schmelzen und mit den Brotbröseln gut verkneten. Die Bröselmischung gut auf dem Boden einer Springform (20 cm Durchmesser) andrücken. Die Käsemasse in die Form füllen und im Ofen auf der mittleren Schiene 50 Minuten backen. Den Kuchen im ausgeschalteten Ofen circa 40 Minuten abkühlen lassen und lauwarm oder gekühlt servieren.

3 Für den Orangen-Fenchel-Salat die Orangen filetieren, den Fenchel putzen und waschen und in sehr feine Streifen schneiden. Die Orangenfilets mit dem Fenchel mischen und mit wenig Olivenöl beträufeln. Mit Salz und Pfeffer würzen. Wer mag, würzt die Käsemasse mit frischen Kräutern.

AUGUST

Die blauvioletten Früchte sind reich an Ballaststoffen und regen eine träge Verdauung an. Sie enthalten außerdem sogenannte Anthocyane, einen zu den Flavonoiden gehörenden Pflanzenfarbstoff, der Zellen vor freien Radikalen schützt.

ZWETSCHGE ODER PFLAUME?

Zwetschgen und Pflaumen werden oft miteinander verwechselt. Was wir umgangssprachlich als Pflaumen bezeichnen und als Kuchenbelag verwenden, sind in der Regel Zwetschgen. Der Unterschied: Die meist blauviolette Zwetschge ist eine Unterart der Pflaume, zeichnet sich durch eine ovale Form aus, ist etwas kleiner und säuerlicher als die Pflaume. Das gelbliche Fruchtfleisch löst sich leicht vom länglichen, spitz zulaufenden Stein. Die Pflaume dagegen ist eher rundlich, rot, gelb oder grün, mit ausgeprägter Bauchnaht und rotem, süßem Fruchtfleisch. Drittes Mitglied der Familie ist die süße gelbe Reneklode. Sie ist sehr druckempfindlich und sollte deshalb schnell verspeist werden.

2000

Zwetschgen- und Pflaumensorten sind weltweit bekannt. Hierzulande spielen etwa 25 davon eine Rolle. Zu den bekanntesten Sorten gehören die Bühler Frühzwetschge und Cacaks Schöne.

Quelle: Bundesvereinigung der Erzeugerorganisationen Obst und Gemüse e. V.

WARENKUNDE

Zwetschge

Die ovalen, blauen Zwetschgen versüßen uns den Spätsommer. Bis Ende September werden sie geerntet.

GUT ZU WISSEN

Geben Zwetschgen oder Pflaumen auf sanften Druck etwas nach, sind sie reif. Gute Qualität und Frische erkennen Sie an der wachsartigen, abreibbaren Schicht auf der Schale, dem sogenannten Duft. Diese Schicht schützt vor dem Austrocknen und ist ein Zeichen dafür, dass noch nicht so viele Leute die Früchte in der Hand hatten. Im Kühlschrank können sie zwei, drei Tage luftig lagern. Tiefgefroren oder eingekocht, hat man auch im Winter noch Freude an den süßen Früchten. Zwetschgen schmecken frisch geerntet, im oder auf dem Kuchen, als Mus oder als süße Hauptspeise. Ihr süß-würziges Aroma passt gut zu Fleischgerichten.

Erbsensalat mit Parmesan

1 Die Erbsen in Salzwasser 1 Minute blanchieren, anschließend in einem Sieb eiskalt abbrausen.

2 Die Kirschtomaten waschen und klein schneiden. Erbsen mit Tomaten und Parmesan gut vermengen.

3 Mit Zitronensaft und -abrieb sowie Olivenöl gut mischen und durchziehen lassen. Den Salat mit frischem Basilikum bestreuen.

Für 4 Personen

- 400 g Tiefkühl-Erbsen
- Salz
- 200 g Kirschtomaten
- 100 g Parmesan (frisch, grob gehobelt)
- Saft und Abrieb von 1 Bio-Zitrone
- 3 EL Olivenöl
- 1 Handvoll frisches Basilikum

Zubereitungszeit:
15 Minuten

NÄHRWERTE PRO PORTION

313 kcal, 20 g F, 16 g EW, 15 g KH, 6 g BST

Ratatouille aus Sommergemüse

NÄHRWERTE PRO PORTION

298 kcal, 7 g F, 10 g EW, 43 g KH, 10 g BST

Für 4 Personen

- je 2 Schalotten, Knoblauchzehen und rote Paprikaschoten
- 1 kleine Aubergine (circa 150 g)
- 400 g Kirschtomaten
- 1 Tube Tomatenmark (200 g)
- 300 ml Gemüsebrühe
- 1 EL Paprikapulver, edelsüß
- 200 g Bulgur
- 1 EL Butter
- Salz, Zucker, Pfeffer, Öl

Zubereitungszeit:
25 Minuten plus Kochzeit

1 Schalotten und Knoblauch abziehen und fein reiben. Paprikaschoten waschen, putzen und in kleine Würfel schneiden. Aubergine waschen und putzen, sehr klein würfeln und dann leicht salzen. Die Tomaten waschen.

2 Etwas Öl in einem Topf erhitzen. Knoblauch und Zwiebeln darin anbraten. Dann die Auberginenwürfel darin knusprig anbraten. Paprikawürfel dazugeben. Mit Tomatenmark mischen. Kirschtomaten hinzufügen und mit Brühe aufgießen.

3 Alles mit Paprikapulver würzen und 30 Minuten einkochen lassen. Salzen, pfeffern, eventuell mit wenig Zucker abschmecken. 600 ml Wasser zum Kochen bringen, den Bulgur einrühren und den Topf vom Herd nehmen. Bulgur etwa 10 Minuten quellen lassen, die Butter untermischen. Bulgur mit dem Ratatouille servieren.

TIPP

Wenn die stückige Struktur des Ratatouilles die Kinder stört, deren Portion einfach zur Seite nehmen und pürieren.

Hähnchen-Involtini mit Kartoffelsticks

NÄHRWERTE PRO PORTION
636 kcal, 30 g F, 58 g EW, 29 g KH, 2 g BST

Für 4 Personen

- 500 g Kartoffeln (festkochend)
- 2 EL Olivenöl
- 2 EL Speisestärke
- 4 große Hähnchenschnitzel (circa 800 g)
- 10 getrocknete Tomaten in Öl
- 200 g Ricotta
- 50 g Parmesan (frisch gerieben)
- frisches Basilikum
- 2 EL Rapsöl
- Salz und Pfeffer (frisch gemahlen)

Zubereitungszeit:
45 Minuten

1 Die Kartoffeln mit Schale in dünne Sticks schneiden und diese gut unter kaltem Wasser waschen. Die Sticks 15 Minuten in Wasser legen, um weitere Stärke auszuwaschen.

2 Das Wasser abgießen und die Kartoffelsticks rundherum mit einem sauberen Geschirrtuch abtrocknen. Mit Öl einreiben, mit der Speisestärke bestäuben und etwas salzen. Die Kartoffeln nebeneinander auf ein Backblech legen, im Ofen bei 200 Grad insgesamt etwa 20 bis 25 Minuten backen.

3 In der Zwischenzeit die Hähnchenschnitzel dünn und flach klopfen. Die getrockneten Tomaten sehr klein schneiden. Das Basilikum waschen, trocken schütteln, klein schneiden. Tomaten und Basilikum mit dem Ricotta und dem Parmesan vermengen. Mit Salz und Pfeffer abschmecken. Die Schnitzel mit der Masse bestreichen, fest aufrollen und mit Zahnstochern feststecken.

4 Rapsöl in einer Pfanne erhitzen und die Involtini darin rundherum scharf anbraten, in eine Auflaufform geben, ebenfalls in den Ofen stellen und die letzten 15 bis 20 Minuten der Kartoffel-Backzeit mitgaren, bis sie durch sind.

Pasta Caprese

Für 4 Personen

- 400 g Fusilli oder Spaghetti (vorzugsweise Vollkorn- oder Dinkelnudeln)
- 2 Kugeln Mozzarella (wer mag, Büffelmozzarella)
- 250 g vollreife Kirschtomaten
- 1 Bund Basilikum
- 4 EL feines Olivenöl
- Salz und Pfeffer, frisch gemahlen

Zubereitungszeit:
20 Minuten

1 Einen Topf mit Salzwasser zum Kochen bringen. Die Nudeln nach Packungsangabe al dente kochen.

2 In der Zwischenzeit den Mozzarella in Stücke zupfen. Die Tomaten waschen, den Stielansatz entfernen und die Tomaten vierteln. Basilikum waschen, trocken schütteln und die Blätter abzupfen. Einige Blätter beiseitelegen.

3 Mozzarella, Tomaten und Basilikum mit dem Olivenöl mischen. Mit Salz und Pfeffer würzen. Die Nudeln abgießen und in tiefen Tellern anrichten, dann den Caprese-Mix darübergeben und mit den restlichen Basilikumblättern garnieren.

NÄHRWERTE PRO PORTION

672 kcal, 30 g F, 24 g EW, 76 g KH, 1 g BST

Wassermelonen-Granita

Für 4 Personen

- 1/2 reife Wassermelone (ca. 600 g)
- Saft von 2 Limetten
- 50 ml Agavendicksaft oder Ahornsirup
- 1 Bund frische Minze

Zubereitungszeit:
10 Minuten plus mindestens 6 Stunden Gefrierzeit

1 Die Melone schälen, vorhandene Kerne entfernen, Fruchtfleisch grob klein schneiden und in einen Mixer geben. Limetten waschen, die Schale mit einem Zitronenschaber oder einer feinen Reibe abreiben und mit dem Limettensaft zur Melone geben. Agavendicksaft oder Ahornsirup hinzufügen und alles zu einer glatten Masse mixen.

2 Die Melonenmasse in eine flache Ofenform streichen und mit Folie abdecken. Granita im Tiefkühlfach mindestens 6 Stunden gefrieren. Zwischendurch immer wieder durchmischen, damit es gleichmäßig friert. Sobald alles gefroren ist, mit einer Gabel Melonen-Granita aus der Masse kratzen und in hübschen Gläsern eiskalt servieren.

TIPP

Mit einer Kugel Vanilleeis und etwas frischer Minze zaubern Sie im Handumdrehen eine leckere Eisvariation. Der Nährwert pro Portion erhöht sich dann auf 230 Kalorien (7 g F, 3 g EW, 36 g KH, 1 g BST).

NÄHRWERTE PRO PORTION

105 kcal, 0 g F, 1 g EW, 23 g KH, 1 g BST

Zwetschgen-Crumble mit Vanilleeis

NÄHRWERTE PRO PORTION

481 kcal, 23 g F, 7 g EW, 59 g KH, 4 g BST

Für 12 Personen

- 1 Rolle Tiefkühl-Blätterteig (270 g)
- 1 kg frische Zwetschgen
- 300 g Dinkelmehl
- 200 g kernige Dinkelflocken
- 200 g brauner Zucker
- 200 g weiche Butter
- 100 ml Vanilleeis

Zubereitungszeit:
10 Minuten plus
30 Minuten Backzeit

1 Backofen auf 180 Grad (Ober-/Unterhitze) vorheizen. Den Blätterteig auftauen und in eine Auflaufform legen. Überstehende Reste abschneiden und als Rand an den Seiten entlang in die Form drücken.

2 Zwetschgen waschen, entkernen und in der Form auf dem Blätterteig verteilen. Mit den Händen Mehl, Dinkelflocken, Zucker und Butter in einer Schüssel vermischen und die Teigmasse in Streusel bröseln. Die Krümel großzügig über die Zwetschgen verteilen.

3 Das Crumble in der Mitte im Ofen circa 30 Minuten goldbraun backen. Kurz auskühlen lassen und mit Vanilleeis servieren!

TIPP

Pürieren Sie 250 g gewaschene Himbeeren mit 300 ml Vollmilch und 1 Prise Vanillezucker in einem hohen Gefäß. Abgefüllt in praktische Stieleis-Behälter, zaubern Sie so über Nacht im Gefrierfach ein selbst gemachtes Eis am Stiel.

Gegrillte Früchte mit Minzeis

1 Die Ananas putzen, in etwa 1 cm dicke Scheiben schneiden und diese vierteln. Die Pfirsiche und Zwetschgen waschen, halbieren und die Steine entfernen, die Hälften noch mal teilen.

2 Die Erdbeeren waschen, trocken tupfen, von den Kelchblättern befreien und halbieren. Den Grill anheizen. Das Obst auf vier Holzspieße stecken, in einer Grillschale von beiden Seiten etwa 5 Minuten grillen.

3 Minze waschen, trocken schütteln, Blätter hacken. Das Eis leicht antauen lassen und die Minze unterrühren. Je eine Kugel Eis zu den Früchten servieren.

Für 4 Personen

- 1 Ananas
- 2 kleine Pfirsiche
- 2 Zwetschgen
- 8 große Erdbeeren
- 300 ml Vanilleeis
- 1/2 Bund frische Minze
- 4 Holzspieße

Zubereitungszeit:
25 Minuten

NÄHRWERTE PRO PORTION

198 kcal, 8 g F, 3 g EW, 27 g KH, 3 g BST

SEPTEMBER

FÜR ANFÄNGER: GESCHÄLT

Geschälte Linsen, also die roten und gelben, eignen sich gut für Kleinkinder (Bioware bevorzugen). Püriert als Breizutat schmecken sie schon Essanfängern. Die Kleinen vertragen die geschälten Linsen oft etwas besser, da sie weniger Ballaststoffe enthalten und somit das Bäuchlein weniger belasten.

Linsen sind wahre Kraftpakete und sehr vielseitig.
Die Sattmacher schmecken im deftigen Eintopf, im indischen Dhal, als cremiger Brotaufstrich oder als Zutat in Wraps, Salaten und sogar im Kuchen.

WARENKUNDE

Linsen

Orange, gelb, grün oder braun – Linsen gibt es in vielen Farbvariationen und in unterschiedlichen Größen, ihr Geschmack ist nussig-kernig bis mehlig.

BUNTE VIELFALT

Linsen erweitern – wie auch andere Hülsenfrüchte wie Kichererbsen oder grüne Erbsen – das Pastasortiment im Supermarkt. Wer also öfter Linsen in den Speiseplan aufnehmen möchte, greift zu Nudeln aus 100 Prozent Linsenmehl. Der nussige Geschmack passt gut zu kräftigen Saucen wie etwa Bolognese. Vorsicht beim Kochen: Linsennudeln schäumen stark, am besten einen größeren Topf verwenden.

GUT ZU WISSEN

Wer gern mal auf Fleisch verzichten möchte, findet in Linsen einen geeigneten Nährstoffersatz. Die Kombi aus hochwertigem Eiweiß und komplexen Kohlenhydraten macht die Hülsenfrüchte zu einer wertvollen Zutat für eine ausgewogene Ernährung, und sie sättigen lang anhaltend. Zudem enthalten Linsen reichlich Ballaststoffe, die die Verdauung fördern, sowie viel Eisen, Kalium und Magnesium. Davon profitieren auch Schwangere. Linsen schmecken zusammen mit Getreideprodukten wie Brot oder Nudeln sowie mit Vitamin-C-haltigen Früchten, Gemüse oder Kräutern. Letzteres macht auch das Eisen besser verwertbar.

1.5 L
1.25

Kartoffel-Blumenkohl-Suppe

1 Die Schalotte abziehen, fein würfeln, kurz im Öl anbraten. Den Blumenkohl waschen, putzen, in Stücke schneiden. Die Kartoffeln schälen und klein schneiden.

2 Gemüse in einem großen Topf mit der Hühnerbrühe zum Kochen bringen und circa 20 Minuten kochen, bis es gar ist. Die Sahne zur Suppe geben und alles fein pürieren. Mit 1 Prise Muskat, dem Zitronenabrieb, Salz und Pfeffer abschmecken.

3 Mit etwas Petersilie bestreuen. 200 g Lachsfilet in Würfel schneiden, kurz in der Pfanne anbraten und auf die fertige Suppe geben.

Für 4 Personen

- 1 kleine Schalotte
- 1 TL Rapsöl
- 2 Blumenkohlköpfe (je circa 600 g)
- 2 Kartoffeln (mehlig, circa 200 g)
- 1 Liter Hühnerbrühe
- 100 ml Sahne
- 1 Prise Muskat
- 1 TL Abrieb einer unbehandelten Zitrone
- Salz, Peffer
- eventuell 200 g Lachs

Zubereitungszeit:
20 Minuten plus
etwa 20 Minuten Kochzeit

NÄHRWERTE PRO PORTION

294 kcal, 10 g F, 9 g EW, 41 g KH, 3 g BST

Linseneintopf mit Würstchen

Für 4 Personen

- 200 g braune Linsen
- 1 Kartoffel
- 1 Möhre
- 1 kleines Stück Knollensellerie
- 1/2 Stange Lauch (nur der weiße Teil)
- 2 EL Gemüsebrühe-Pulver
- 1 Schuss Balsamico-Essig
- 1 TL Zucker
- 4 Wiener Würstchen
- Salz und frisch gemahlener Pfeffer

Zubereitungszeit:
45 Minuten, davon
20 Minuten Kochzeit

1 Die Linsen in einem Sieb gut abbrausen und in circa 1 Liter Wasser zum Kochen bringen. Das Gemüsebrühepulver dazugeben. Kartoffel, Möhre und Sellerie schälen, putzen und klein würfeln. Lauch waschen und in feine Ringe schneiden. Gemüse zu den Linsen geben.

2 Das Gemüse so lange köcheln, bis die Linsen weich sind. Die Suppe mit Essig, Zucker sowie Salz und Pfeffer abschmecken.

3 Die Würstchen in etwa 1 cm breite Scheiben schneiden, in der Suppe heiß werden lassen.

TIPP

Kleine Kinder essen die Suppe noch lieber, wenn Sie diese fein pürieren, bevor die Würstchen reinkommen.

NÄHRWERTE PRO PORTION

346 kcal, 16 g F, 21 g EW, 33 g KH, 12 g BST

Gurken-Käse-Wraps

NÄHRWERTE PRO PORTION
538 kcal, 28 g F, 25 g EW, 46 g KH, 2 g BST

Für 2 Personen

- 2 Tortilla-Wraps
- 4 EL Frischkäse oder Quark
- 4 Scheiben Gouda
- 1/4 Salatgurke

Für die Obstspieße:

- ein halber Apfel
- eine halbe Banane
- 6 blaue kernlose Weintrauben
- Saft von einer halben Zitrone
- 3 Holzspieße

Zubereitungszeit:
10 Minuten

1 Die Wraps mit je 2 EL Frischkäse oder Quark bestreichen. Mit je zwei Scheiben Gouda belegen. Gurke schälen und der Länge nach vierteln. Je zwei Streifen auf eine Seite des Fladens nebeneinanderlegen. Von dieser Seite aufrollen. Die Rollen einmal in der Mitte durchschneiden.

2 Für die Spieße den Apfel waschen, Kerngehäuse entfernen, den halben Apfel vierteln. Die Viertel in je drei Stücke schneiden. Die Banane in sechs Stücke teilen. Die Trauben waschen.

3 Auf jeden der drei Holzspieße abwechselnd ein Stück Apfel, eine Traube und ein Stück Banane stecken. Damit das Obst nicht so schnell braun wird, mit etwas Zitronensaft beträufeln.

Farfalle mit Zucchini-Creme ...

Für 4 Personen

- 1 Schalotte
- 1 Knoblauchzehe
- 2 große Zucchini
- 1 TL Abrieb von 1 unbehandelten Zitrone
- 100 ml Gemüsebrühe
- 1 EL Crème fraîche oder Ricotta
- Salz und Pfeffer, frisch gemahlen
- 300 g Farfalle
- etwas Öl, evtl. Parmesan, gekochte Erbsen

Zubereitungszeit:
20 Minuten

1 Schalotte und Knoblauch abziehen. Beide fein reiben. Zucchini waschen, die Enden entfernen. Die Zucchini in grobe Würfel schneiden.

2 Das Öl in einer Pfanne erhitzen. Die Schalotten, Knoblauch und Zucchini anbraten. Mit der Gemüsebrühe ablöschen und köcheln lassen, bis das Gemüse weich ist.

3 Mit Crème fraîche oder Ricotta pürieren, mit Zitronenabrieb sowie Salz und Pfeffer abschmecken. Farfalle nach Packungsangabe in Salzwasser al dente kochen.

4 Nudelwasser abgießen und Farfalle mit der Zucchini-Creme servieren. Wer mag, garniert die Pasta mit Erbsen und Parmesan.

NÄHRWERTE PRO PORTION

328 kcal, 4 g F, 11 g EW, 59 g KH, 2 g BST

Spaghetti mit Lachssauce

1 Den Lachs klein schneiden und in einer beschichteten, hohen Pfanne anbraten. Mit Sahne, Milch und der Gemüsebrühe aufgießen. Köcheln lassen. Den Frischkäse unterrühren, mit Zitronensaft und -abrieb sowie Salz und Pfeffer abschmecken. Die Lachssauce fein pürieren.

2 Einen Topf mit Salzwasser zum Kochen bringen und die Spaghetti nach Packungsangabe al dente kochen. Abgießen und auf tiefen Tellern mit der Sauce anrichten.

Für 4 Personen

- 200 g Räucherlachs
- 100 ml Kochsahne (15 % Fett)
- 100 ml Milch (1,5 % Fett)
- 100 ml Gemüsebrühe
- 50 g Frischkäse
- etwas Abrieb und Saft von 1 unbehandelten Zitrone
- 300 g Spaghetti (vorzugsweise Vollkorn- oder Dinkelspaghetti)
- Salz und Pfeffer

Zubereitungszeit:
15 Minuten

TIPP

Dazu passt Gurkensalat mit frischem Joghurt-Dill-Dressing. Für das Dressing Naturjoghurt mit etwas Zitrone, einer Prise Zucker und Dill verrühren.

NÄHRWERTE PRO PORTION

427 kcal, 11 g F, 23 g EW, 58 g KH, 0,1 g BST

Tomaten-konfitüre mit Grissini

NÄHRWERTE PRO PORTION

805 kcal, 9 g F, 11 g EW, 165 g KH, 6 g BST

Für 4 Gläser à 250 ml

- 1 kg vollreife Tomaten
- 1 Vanilleschote
- 500 g Gelierzucker 2:1

Für die Grissini:

- 200 g Dinkelmehl
- 1/2 Würfel Bäckerhefe
- 2 EL Olivenöl
- 1 TL Salz
- 1 Prise Zucker

Zubereitungszeit:
30 Minuten plus Backzeit

1 Die Tomaten kreuzweise einritzen und in kochendem Wasser blanchieren. Die Haut der Tomaten abziehen.

2 Das Mark der Vanilleschote auskratzen und mit den Tomaten und dem Gelierzucker in einem Topf zum Kochen bringen. Die Konfitüre mit dem Pürierstab fein pürieren, in Einmachgläser abfüllen, luftdicht verschließen und erkalten lassen.

3 Für die Grissini das Mehl in eine Schüssel geben. Die Hefe in 150 ml lauwarmem Wasser auflösen. Öl, Salz und Zucker dazugeben. Alles gut durchkneten. Den Teig an einem warmen Ort zugedeckt etwa 30 Minuten gehen lassen. Dann aus dem Teig 12 lange, dünne Stangen rollen. Auf Backpapier legen und mit etwas Olivenöl bestreichen.

Wer mag, streut noch ein wenig Meersalz darüber. Im Ofen (Mitte, Umluft) bei 160 Grad circa 15 Minuten backen. Die Grissini mit der Tomatenkonfitüre servieren.

OKTOBER

Honig ist ein Naturprodukt. In ihm stecken zahlreiche Vitamine, Mineralstoffe, Spurenelemente und pflanzliche Farbstoffe. Alles ist so fein aufeinander abgestimmt, dass Honig ein hochwertiges Lebensmittel ist. Zudem wird ihm oft eine heilende Wirkung zugeschrieben.

FLÜSSIG ODER CREMIG?

Kommt darauf an, ob der Honig nach dem Schleudern mechanisch gerührt wurde. Nach dem Schleudern ist jeder Honig flüssig. Einige Tage oder Wochen danach kristallisiert er aus und wird hart. Das kann man verhindern, indem man den Honig ständig langsam rührt. Das stört die Kristallbildung und der Honig wird cremig.

WARENKUNDE

Honig ...

Das süße Naturprodukt schmeckt auf Brötchen, verfeinert Suppen oder Dressings. Manche genießen Honig in warmer Milch als Schlummertrunk.

6 GRAMM

Um so viel von dem süßen Gold zu erhalten, muss eine Biene etwa 120 000 Blüten bestäuben. Pro Tag schafft eine Biene bis zu 1000 Blüten.

Quelle: Deutscher Imkerbund e. V.

AUS DER MEDIZIN

Eine Honigsorte ist besonders reich an antibakteriellen und entzündungshemmenden Inhaltsstoffen: Manuka-Honig aus Neuseeland. Er dient als Grundlage zur Herstellung von medizinischem Honig, der dann als Medizinprodukt zugelassen ist.

SO HEILSAM

Der Tag war mal wieder super stressig? Das entspannt und macht wunderbar schläfrig: Am Abend eine warme Milch mit Honig trinken.
In ein Glas mit 200 Milliliter erwärmter Milch einen Teelöffel Honig geben, umrühren und vor dem Zubettgehen in kleinen Schlucken genießen.
Auch für Hustengeplagte gibt es einen Honig-Tipp: Kräutertee aufbrühen und auf Trinktemperatur abkühlen lassen, 1 TL Honig einrühren und genießen.
Die Inhaltsstoffe im Honig beruhigen den Hals.

Kichererbsen-Eintopf

Für 4 Personen

- 200 g Muschelnudeln
- 2 Möhren
- 1 Stange Sellerie
- 1 Knoblauchzehe
- 2 Schalotten
- 2 EL Olivenöl
- 4 EL Tomatenmark
- 2 EL italienische Kräuter (getrocknet)
- 1 Glas Kichererbsen (Abtropfgewicht 240 g)
- 800 ml Gemüsebrühe
- Salz, Pfeffer

Zubereitungszeit:
25 Minuten

1 Die Nudeln in Salzwasser nach Packungsangabe al dente kochen. Die Möhren schälen und klein würfeln. Den Sellerie waschen, putzen und in feine Scheiben schneiden. Knoblauch und Schalotten abziehen und fein hacken.

2 Das Öl in einem großen Topf erhitzen. Knoblauch und Schalotten kurz anbraten. Gemüse dazugeben und für 10 Minuten mitbraten. Tomatenmark untermischen. Mit den Kräutern, Salz und Pfeffer würzen.

3 Die Kichererbsen in einem Sieb abtropfen lassen, etwas abspülen und zum Gemüse geben. Alles mit der Brühe aufgießen und kurz kochen lassen. Zum Schluss die Nudeln untermischen. Wer mag: mit einem Klecks Sauerrahm servieren.

NÄHRWERTE PRO PORTION

417 kcal, 14 g F, 13 g EW, 56 g KH, 7 g BST

Karottensalat mit Hähnchen

Für 4 Personen

- 300 g Karotten
- 200 g Hähnchenbrust
- 3 EL Rapsöl
- 100 g Kokoscreme
- 2 EL Sesamöl
- 1 EL Sojasauce
- Saft von 1 Limette
- 2 EL flüssiger Honig
- Salz und Pfeffer

Wer mag:

- 1 Stück frischer Ingwer
- 1 frisch geriebene Knoblauchzehe

Zubereitungszeit:
15 Minuten

1 Die Karotten waschen und mit dem Spiralschneider (oder dem Gemüseschäler) in Spiralen oder feine Streifen schneiden. Hähnchenbrust waschen, trocken tupfen, klein schneiden.

2 Das Öl in der Pfanne erhitzen, Hähnchen darin von allen Seiten knusprig braten. Mit etwas Salz und Pfeffer würzen. Für das Dressing Kokoscreme, Sesamöl, Sojasauce und Honig verrühren.

Wer mag, mit geriebenem Ingwer und Knoblauch würzen, sonst salzen und pfeffern. Karotten in eine Schüssel geben, mit dem Dressing vermengen, etwas einziehen lassen. Salat auf Teller geben, Hähnchen darauf verteilen.

NÄHRWERTE PRO PORTION

312 kcal, 23 g F, 13 g EW, 12 g KH, 2 g BST

Kürbisragout mit Pappardelle

NÄHRWERTE PRO PORTION

294 kcal, 10 g F, 9 g EW, 41 g KH, 3 g BST

Für 4 Personen

- 800 g Hokkaido-Kürbis (geputzt circa 450 g)
- 1 Knoblauchzehe
- 2 Schalotten
- 2 EL Olivenöl
- 1/2 Apfel
- 200 g passierte Tomaten
- 200 ml Gemüsebrühe
- 1 TL Kreuzkümmel
- 400 g Pappardelle-Nudeln (am besten frisch)
- frischer Basilikum
- Salz, Pfeffer
- etwas Parmesan

Zubereitungszeit:
20 Minuten plus Garzeit

1 Den Kürbis waschen, halbieren und die Kerne entfernen. Das Fruchtfleisch in kleine Würfel schneiden. Knoblauch und Schalotten abziehen, fein würfeln und im Olivenöl in einer großen Pfanne anschwitzen.

2 Den Apfel putzen und in kleine Würfel schneiden. Dann das Kürbisfleisch und den Apfel in die Pfanne geben und alles circa 15 Minuten anbraten.

3 Die passierten Tomaten und die Gemüsebrühe dazugeben und schön einkochen lassen. Mit Kreuzkümmel, Basilikum, Salz und Pfeffer abschmecken.

4 Die Pappardelle nach der Packungsangabe in Salzwasser kochen, abgießen und mit dem fertigen Ragout servieren. Noch mit etwas Parmesan bestreuen und mit einigen Basilikumblättern garnieren.

TIPP

Das Gericht bekommt etwas mehr Würze, wenn Sie Linsenpasta verwenden, da Linsennudeln einen intensiveren Eigengeschmack haben als herkömmliche Nudeln. Hülsenfrucht-Nudeln sind vegan und glutenfrei.

TIPP

Dazu passt Tomatensalat. Tomaten halbieren und in Scheiben schneiden. Etwas Ölivenöl darüberträufeln, mit Salz und Pfeffer und frischen Basilikum verfeinern.

Spinatknödel

NÄHRWERTE PRO PORTION

652 kcal, 35 g F, 27 g EW, 57 g KH, 4 g BST

Für 4 Personen

- 120 g Knödelbrot
- 125 g Spinat (TK)
- 1 kleine Zwiebel
- 200 g Speisequark
- 2 Eier
- 100 g geriebener Parmesan
- 100 g Mehl
- 1 Prise Muskat
- 100 g Butter
- 50 g feine Semmelbrösel
- Salz und Pfeffer

Zubereitungszeit:
20 Minuten plus
20 Minuten Garzeit

1 Das Knödelbrot in eine große Schüssel geben. Den Spinat auftauen lassen oder nach Packungsangabe erhitzen und zum Knödelbrot geben.

2 Die Zwiebel abziehen, sehr fein hacken. Mit Speisequark, Eiern, Parmesan, Mehl und Muskat ebenfalls in die Schüssel geben, salzen und pfeffern. Alles gut verkneten und etwa 10 Minuten ziehen lassen.

3 Aus dem Teig kleine Knödelchen (etwa 50 g) formen. Einen großen Topf mit Wasser erhitzen, ein feines Sieb darüberhängen und die Knödel im heißen Wasserdampf nach und nach circa 20 Minuten dämpfen.

4 Die Butter schmelzen, die Semmelbrösel unterrühren. Dann alles über die fertigen Knödel geben.

Grießbrei mit Crunch

1 Für den Hafercrunch die Haferflocken mit dem Honig und dem Zimt mischen.

2 Auf einem mit Backpapier belegten Blech großzügig verteilen und im Backofen bei 180 Grad 15 Minuten knusprig backen.

3 Die Milch erwärmen, den Grieß einrühren und quellen lassen. Grießbrei in vier Schälchen füllen. Je 5 Löffel Fruchtmus und Vanillejoghurt auf den Grießbrei klecksen. Mit Hafercrunch und gepufftem Quinoa bestreuen.

Für 4 Schälchen

- 100 g Haferflocken
- 2 EL flüssiger Honig
- 1 TL Zimt
- 500 ml Milch (1,5 % Fett)
- 50 g Weichweizengrieß
- 1 kleines Glas Lieblingsfruchtmus (ca. 200 g)
- 200 g Vanillejoghurt
- 30 g Quinoa (gepufft)

Zubereitungszeit:
25 Minuten

NÄHRWERTE PRO PORTION

336 kcal, 5 g F, 12 g EW, 58 g KH, 4 g BST

French Toast mit Obstsalat

NÄHRWERTE PRO PORTION

373 kcal, 20 g F, 10 g EW, 36 g KH, 4 g BST

Für 4 Personen

- 6 Scheiben Toastbrot
- 2 Eier
- 100 ml Milch (1,5 % Fett)
- 2 EL Butter
- 2 EL Rapsöl
- 1 Banane
- 100 g Blaubeeren
- 1 Apfel
- 200 g Naturjoghurt
- flüssiger Honig

Zubereitungszeit:

15 Minuten, Backzeit: 8 Minuten

1 Toastbrot in 2 cm breite Streifen schneiden. In einer Schüssel Eier mit Milch verrühren. Die Toaststreifen in der Ei-Milch-Mischung wenden.

2 Butter mit Öl in einer Pfanne bei mittlerer Hitze zerlassen. Die Sticks von beiden Seiten circa 3 bis 4 Minuten knusprig backen.

3 Für den Obstsalat die Banane schälen und in Scheiben schneiden. Apfel waschen, vierteln, entkernen und in Würfel schneiden. Blaubeeren waschen.

4 Auf 4 Teller je einen dicken Klecks Joghurt geben. Mit etwas Honig beträufeln. Den Obstsalat danebengeben und die French-Toast-Sticks dazu servieren.

NOVEMBER

Das vitaminreiche Multitalent
hat seinen festen Platz in
einer ausgewogenen Ernährung.
Die Inhaltsstoffe der süßen Knolle
stärken unsere Abwehrkräfte
und beeinflussen unsere Gesund-
heit positiv. Zudem hält
die Süßkartoffel lange satt.

WARENKUNDE

Süßkartoffel

Die rosafarbene Knolle schmeckt gekocht, frittiert, gestampft oder gebacken der ganzen Familie.

NICHT VERWANDT

Außer dass beide in der Erde gedeihen und ähnlich vielseitig zubereitet werden können, haben Kartoffeln und Süßkartoffeln nicht viel gemeinsam. Der Klassiker ist ein Nachtschattengewächs, das Trendgemüse ein Windengewächs. Wie der Name schon verrät, schmeckt die orange Knolle süßlich. Auch in puncto Nährstoffe hat sie mehr zu bieten als Kartoffeln.

107 MILLIONEN TONNEN

werden weltweit pro Jahr geerntet. Damit ist die Süßkartoffel nach Kartoffel und Maniok die drittwichtigste Knolle, so die Ernährungs- und Landwirtschaftsorganisation der Vereinten Nationen.

VOLLE POWER

Kalzium, Kalium, Folsäure und Vitamin C machen die Süßkartoffel zu einem wertvollen Gemüse. So unterstützt sie gesunde Knochen und ein starkes Herz.
Die Orangefärbung hat ebenfalls positive Effekte auf unsere Gesundheit. Für die Farbe sorgt der sekundäre Pflanzenstoff Beta-Carotin, eine Vorstufe von Vitamin A, das wir für gesunde Augen brauchen. Antioxidantien helfen dabei, unsere Zellen zu schützen. Zudem gibt es Hinweise darauf, dass Süßkartoffeln den Blutzucker positiv beeinflussen.

Cevapcici mit Süß-kartoffelbrei

Für 4 Personen

Für den Süßkartoffelbrei:
- 600 g Süßkartoffeln
- 200 ml Milch (1,5 % Fett)
- 30 g Butter
- Salz

Für die Cevapcici:
- 1 Zwiebel
- 1 Knoblauchzehe
- 350 g Rinderhack
- 1 Ei
- 1 TL Paprikapulver (edelsüß)
- 1 EL frisch gehackte Petersilie
- Salz und Pfeffer (frisch gemahlen)
- Rapsöl zum Braten

Zubereitungszeit:
45 Minuten

1 Die Süßkartoffeln schälen, in grobe Stücke schneiden und in Salzwasser garen.

2 In der Zwischenzeit Zwiebel und Knoblauch abziehen und sehr fein würfeln. Zwiebeln und Knoblauch mit dem Hackfleisch mischen. Das Ei unterkneten und den Fleischteig mit Paprikapulver, Petersilie sowie Salz und Pfeffer würzen.

3 Aus dem Fleischteig circa 12 kleine Cevapcici formen und diese im Ofen auf dem geölten Backblech bei 180 Grad etwa 12 Minuten braten – zwischendurch vorsichtig wenden.

4 Sobald die Süßkartoffeln weich sind, abgießen. Die Milch mit den Kartoffeln und der Butter erhitzen und alles mit dem Kartoffelstampfer zu einem cremigen Brei stampfen. Etwas salzen. Den Süßkartoffelbrei mit den Cevapcici servieren.

NÄHRWERTE PRO PORTION

467 kcal, 22 g F, 25 g EW, 41 g KH, 5 g BST

Süßkartoffel-Toasties

NÄHRWERTE PRO PORTION

217 kcal, 9 g F, 8 g EW, 24 g KH, 3 g BST

Für ca. 10 Stück (ca. 4 Portionen)

- 2 große Süßkartoffeln (circa 900 g)
- 1/2 Stange Lauch
- 1 TL Olivenöl
- 400 g Ricotta
- 100 g Parmesan (gerieben)
- 2 EL frische, glatte Petersilie
- Salz und Pfeffer (frisch gemahlen)

Zubereitungszeit:
15 Minuten

1 Den Backofen vorheizen (180 Grad Umluft). Die Süßkartoffeln schälen, waschen und in etwa 1 cm dicke Scheiben schneiden. Auf ein mit Backpapier belegtes Blech legen.

2 Lauch gründlich waschen und in sehr feine Ringe schneiden. Das Öl in einer Pfanne erhitzen und den Lauch darin unter Rühren circa 7 Minuten anbraten.

3 Den Ricotta mit Parmesan mischen. Den Lauch unter den Ricotta mischen. Mit Salz und Pfeffer abschmecken.

4 Die Käse-Lauch-Masse auf den Süßkartoffeln verteilen. Alles im Ofen auf der mittleren Schiene etwa 20 Minuten goldbraun backen.

5 Petersilie waschen und fein hacken. Die Süßkartoffel-Toasties auf Tellern verteilen und mit der Petersilie bestreuen.

Kürbispesto

1 Den Backofen auf 180 Grad vorheizen. Den Kürbis waschen, klein schneiden, vorher die Kerne entfernen. Kürbis auf ein mit Backpapier belegtes Blech legen und im Ofen etwa 15 Minuten rösten.

2 Den Kürbis in eine Schüssel geben und abkühlen lassen. Knoblauch abziehen und fein reiben. Parmesan, Knoblauch, Olivenöl und Nüsse zum Kürbis geben.

3 Alles mit dem Pürierstab pürieren. Passt gut zu frischem Bauernbrot. Gut mit Olivenöl bedeckt, hält das Pesto einige Tage im Kühlschrank.

Für 1 großes Glas (ca. 800 ml – für 12 Portionen)

- 1 kleiner Hokkaido-Kürbis
- 1 Knoblauchzehe
- 100 g geriebener Parmesan
- 50 ml Olivenöl
- 100 g gemahlene Mandeln oder Walnüsse
- Salz und Pfeffer

Zubereitungszeit:
25 Minuten plus
15 Minuten Backzeit

NÄHRWERTE PRO PORTION

137 kcal, 11 g F, 5 g EW, 3 g KH, 2 g BST

Süßkartoffel-suppe

Für 4 Personen

- 100 g Knollensellerie
- 1 kleines Stück Lauch (circa 20 g)
- 1 kleine Zwiebel (circa 70 g)
- 100 g Kartoffeln (mehligkochend)
- 500 g Süßkartoffeln
- etwa 1 Liter Gemüsebrühe
- 150 g Sahne
- 1 kleines Stück frischer Ingwer (geschält und fein gerieben)
- Salz und Pfeffer (frisch gemahlen)

Zubereitungszeit:
20 Minuten

1 Das Gemüse waschen, putzen und in grobe Stücke schneiden. Die Gemüsestücke in einem großen Topf 1 bis 2 Minuten bei mittlerer Temperatur anschwitzen.

2 Mit circa 1 Liter Gemüsebrühe aufgießen. Das Gemüse in etwa 30 Minuten weich kochen und fein pürieren. Die Suppe mit Sahne, Ingwer, Salz und Pfeffer abschmecken.
Die Süßkartoffelsuppe mit fein gemahlenem Vollkorn-Baguette servieren.

TIPP

Wer einen Standmixer zu Hause hat, kann die Suppe im Mixer (Achtung heiß!) cremig pürieren. So wird die Suppe extraschaumig!

NÄHRWERTE PRO PORTION

242 kcal, 14 g F, 3 g EW, 23 g KH, 4 g BST

Fruchtiges Süßkartoffel-curry

Für 4 Personen

- 300 g Basmatireis
- 300 g Süßkartoffeln
- 300 g festkochende Kartoffeln
- Rapsöl
- 1 Knoblauchzehe
- 1 kleine Schalotte
- 1 kleines Stück Ingwer
- 250 ml Kokosmilch
- 250 ml Gemüsebrühe
- Saft und Abrieb von 1 Bio-Limette
- 1 frische Mango
- 1 TL mildes Currypulver
- Salz

Zubereitungszeit:
30 Minuten plus 15 Minuten Garzeit am Schluss

1 Den Basmatireis im Verhältnis 1:1,5 mit etwas Salz in einem Topf zum Kochen bringen und nach Packungsangabe circa 30 bis 40 Minuten gar ziehen lassen.

2 In der Zwischenzeit Süßkartoffeln und Kartoffeln schälen und in Würfel schneiden. Beides ganz leicht einölen und im Ofen bei 180 Grad etwa 20 Minuten backen.

3 Knoblauch, Schalotte und Ingwer schälen und fein reiben oder sehr fein würfeln. Wenig Rapsöl in einem Topf erhitzen, Knoblauch, Schalotte und Ingwer kurz darin anschwitzen. Mit Kokosmilch und Gemüsebrühe aufgießen und alles aufkochen. Den Limettensaft dazugeben. Die Mango schälen, Fruchtfleisch vom Stein schneiden, fein pürieren und ebenfalls zugeben.

4 Die gebackenen Süßkartoffeln und Kartoffeln zum Curry geben und alles weitere 15 Minuten köcheln lassen. Mit etwas Currypulver und Salz abschmecken. Das Curry mit Basmatireis in tiefen Schalen servieren. Mit Limettenscheiben und Kräuterblättchen dekorieren.

NÄHRWERTE PRO PORTION

601 kcal, 18 g F, 11 g EW, 94 g KH, 6 g BST

DEZEMBER

Dieses leuchtend rote Superfood liefert an kalten Wintertagen einen besonderen Nährstoffkick. Rote Bete enthält wertvolle Vitalstoffe wie Eisen, Folsäure, Vitamin C und B-Vitamine und bringt uns in Schwung.

1,35 MILLIGRAMM

Eisen stecken in einer Portion Rote Bete (150 g). Damit decken Frauen bereits 9 Prozent ihres täglichen Eisenbedarfs (15 mg).

Quelle: Deutsche Gesellschaft für Ernährung

WARENKUNDE

Rote Bete

Die leuchtenden Kugeln bringen Farbe auf den Teller. Ihr süßlicher Geschmack kommt auch bei Kindern gut an.

KÜCHENTIPPS

Frisch ist Rote Bete am gesündesten. Sie lässt sich dunkel und kühl im Keller oder Gemüsefach des Kühlschranks aufbewahren. Früher wurde sie in Sand gelagert. Roh schmeckt die Rote Rübe mit ihrem süß-sauren, erdigen Aroma gut in Salaten. Als Gemüsebeilage eignet sie sich im Ganzen. Je nach Größe wird die Knolle 45 bis 60 Minuten gegart. Schälen sollte man sie erst nach dem Garen, damit sie nicht grau wird. Wenn's schnell gehen muss: Die Rüben gibt es auch vorgegart und eingeschweißt.

GEMÜSE VOLLER PLUSPUNKTE

Eltern ernähren sich mit Roter Bete gesund und kalorienarm: Sie bringt es auf nur 46 kcal pro 100 Gramm. Für Kinder ist Rote Bete ab Ende des ersten Lebensjahres mit Einführung der Familienkost geeignet. Sie essen das Gemüse meist erstaunlich gern, schon wegen der knalligen Farbe. Schwangere profitieren bei frischer Roter Bete von der enthaltenen Folsäure – gut für die Zellteilungs- und Wachstumsprozesse. Eisen, der zentrale Baustein des Blutfarbstoffs Hämoglobin, unterstützt die Blutbildung des Babys.

Rosenkohlsalat mit Parmesan

Für 4 Personen

- 500 g Rosenkohl
- 3 Schalotten
- 200 g Parmesan (frisch gehobelt)
- 100 g getrocknete Cranberrys
- 6 EL Olivenöl
- 1 unbehandelte Zitrone (Saft und Abrieb)
- Salz und Pfeffer (frisch gemahlen)

Zubereitungszeit:
30 Minuten

1 Den Rosenkohl putzen, halbieren und die Hälften in sehr feine Streifen schneiden. Schalotten abziehen und ebenfalls in feine Streifen schneiden. 3 EL Olivenöl in einer großen Pfanne erhitzen und die Zwiebeln darin anbraten.

2 Den Rosenkohl in die Pfanne dazugeben und circa 10 Minuten braten. Rosenkohl in eine große Salatschüssel füllen und mit dem Parmesan mischen. Cranberrys untermischen.

3 Restliches Olivenöl sowie Zitronensaft und Abrieb dazugeben und gut durchmischen. Mit Salz und Pfeffer abschmecken. In Schälchen anrichten und den gehobelten Parmesan über den Salat streuen.

NÄHRWERTE PRO PORTION

544 kcal, 39 g F, 22 g EW, 24 g KH, 7 g BST

Kartoffelsalat mit Würstchen

Für 4 Personen

- 1 kg festkochende Kartoffeln
- 200 ml Gemüsebrühe
- 1/2 TL mittelscharfer Senf
- 1 Bund Schnittlauch (in Röllchen geschnitten)
- 50 ml Weinessig
- 100 ml Rapsöl
- 150 g Salatgurke (ersatzweise, wer mag: Essiggürkchen)
- ca. 200 g Wiener Würstchen (2 Paar)
- Salz und Pfeffer

Zubereitungszeit:
20 Minuten plus Kochzeit

1 Die Kartoffeln schälen und im Salzwasser gar kochen. Die Kartoffeln abkühlen lassen, halbieren und in Scheiben schneiden. Kartoffeln in eine Schüssel füllen.

2 Die Brühe mit Senf, Schnittlauch, Essig und Öl verrühren. Mit den Kartoffeln gut durchmischen. Die Gurke schälen und in kleine Würfel schneiden, die Würstchen in dünne Scheiben.

3 Beides unter den Salat mischen, alles gut durchziehen lassen. Mit Salz und Pfeffer abschmecken. Lässt sich prima vorbereiten.

NÄHRWERTE PRO PORTION
571 kcal, 38 g F, 12 g EW, 41 g KH, 4 g BST

Lachs mit Roter Bete vom Blech

Für 4 Personen

- 2 frische Knollen Rote Bete (ca. 500 g)
- 600 g festkochende Kartoffeln
- Rapsöl
- 2 Zweige Rosmarin
- 400 g Lachsfilet

Für die Sauce:

- 2 unbehandelte Bio-Orangen
- 1 Möhre
- 1 Schalotte
- 1 TL Rapsöl
- 200 ml Gemüsebrühe
- 20 g Butter
- 2 EL Mehl
- Salz und frisch gemahlener Pfeffer

Zubereitungszeit:
30 Minuten plus
45–50 Minuten Backzeit

1 Den Backofen auf 200 Grad vorheizen. Die Rote Bete und die Kartoffeln waschen, die Rote Bete putzen und beides erst in 1 cm dicke Scheiben, dann in 1 cm breite Streifen schneiden. Wer will, kann die Kartoffeln und die Rote Bete vor dem Backen auch schälen. Das Gemüse mit etwas Rapsöl mischen, etwas salzen und auf einem Backblech locker verteilen. Rosmarin mit aufs Blech geben. Im Ofen etwa 40 bis 50 Minuten knusprig backen.

2 Für die Sauce die Orangen waschen und die Schale mit einer dünnen Reibe in Zesten abreiben. Den Saft auspressen. Die Möhre waschen und putzen, die Schalotte abziehen und grob hacken. Beides in etwas Öl anschwitzen. Mit dem Orangensaft ablöschen und mit 1 EL Zesten sowie 200 ml Gemüsebrühe einkochen lassen.

3 In einem Topf die Butter schmelzen, das Mehl unterrühren und die eingeköchelte Sauce nach und nach durch ein Sieb streichen und in die Orangensauce einrühren.

4 Den Lachs mit etwas Salz, wenig Pfeffer und etwa 1 TL Orangenzesten einreiben. Für etwa 10 Minuten mit den Kartoffeln und der Roten Bete mitbraten. Mit der Sauce servieren.

Gulasch mit Spätzle

NÄHRWERTE PRO PORTION

472 kcal, 18 g F, 32 g EW, 43 g KH, 3 g BST

Für 4 Personen

- 400 g klein geschnittenes Rindfleisch
- 1 rote Zwiebel
- 1 Knoblauchzehe
- 2 EL Rapsöl
- 10 EL Tomatenmark
- 1 EL Paprikapulver, edelsüß
- 350 ml Gemüsebrühe

Salz, Pfeffer

Für die Spätzle:

- 200 g Mehl
- 200 ml Milch (1,5 % Fett)
- 2 Eier
- Salz

Zubereitungszeit:
30 Minuten plus Kochzeit

1 Das Fleisch klein schneiden. Die Zwiebel und den Knoblauch abziehen und fein würfeln. Das Öl in einem Topf erhitzen, Zwiebeln und Knoblauch darin glasig dünsten. Das Fleisch dazugeben, scharf anbraten. Mit Tomatenmark mischen, mit Paprikapulver würzen. Die Brühe angießen und das Gulasch so lange wie möglich (mindestens aber 45 Minuten) langsam vor sich hin köcheln lassen. Mit Salz und Pfeffer abschmecken.

2 In der Zwischenzeit das Mehl mit der Milch und den Eiern zu einem glatten, zähflüssigen Teig verrühren. Mit Salz würzen. Einen Topf mit Salzwasser zum Kochen bringen. Temperatur reduzieren, Wasser sieden lassen. Mit einem Spätzlehobel Spätzle in das Wasser reiben. Abschöpfen, sobald sie an der Oberfläche schwimmen. Spätzle in einer Schüssel im Ofen bei 60 Grad warm halten.

3 Das fertige Gulasch zu den Spätzle servieren. Dazu passt Kopfsalat mit geriebenem Apfel und Joghurtdressing. Wer mag, kann beim Gulasch auch Möhren- oder Paprikastückchen mitkochen.

Kartoffel-Spinat-Gratin

Für 4 Personen

- 750 g festkochende Kartoffeln
- 250 g frischer Blattspinat (alternativ: TK)
- 200 ml Kochsahne (15 % Fett)
- 500 ml Milch (1,5 % Fett)
- 100 ml Gemüsebrühe
- 200 g geriebener Edamer
- 1 Prise Muskat
- Salz und Pfeffer (frisch gemahlen)

Zubereitungszeit:
20 Minuten plus
50 Minuten Backzeit

1 Den Backofen auf 180 Grad vorheizen. Die Kartoffeln schälen und mit dem Gemüsehobel in feine Scheiben hobeln. Den Spinat waschen und trocken schleudern. Sahne mit Milch und Brühe mischen, mit Muskat, Salz und Pfeffer würzen.

2 Eine ofenfeste Form (20 x 30 cm) abwechselnd mit Kartoffelscheiben, Spinat und Käse beschichten. Die Sahne-Milch-Mischung über das Gratin geben und zum Schluss mit Käse bestreuen.

3 Das Gratin im Ofen auf mittlerer Schiene bei 180 Grad (Umluft) etwa 50 Minuten backen. Falls das Gratin zu braun wird, die Temperatur auf 160 Grad herunterschalten.

NÄHRWERTE PRO PORTION
194 kcal, 14 g F, 10 g EW, 5 g KH, 2 g BST

Auberginenpizza

1 Die Aubergine waschen. Die Enden entfernen. Die Aubergine in 2 cm dicke Scheiben schneiden. Auberginenscheiben etwas salzen, zur Seite stellen und nach circa 30 Minuten mit einem Küchentuch abtupfen.

2 Das Öl in der Pfanne erhitzen und die Auberginen von beiden Seiten etwa 3 Minuten anbraten.

3 Auf ein mit Backpapier belegtes Blech legen. Tomaten und Kräuter verrühren, eventuell Zucker zugeben. Mit Salz abschmecken. Je einen Klecks Tomatensauce auf den Auberginenscheiben verstreichen.

4 Mit etwas Mozzarella belegen und im Ofen (Mitte, Ober-/Unterhitze) bei 180 Grad circa 10 Minuten backen.

Für 4 Personen

- 1 große Aubergine (circa 350 g)
- etwas Salz
- 1 EL Olivenöl
- 200 ml stückige Tomaten aus der Dose
- 1 EL italienische Kräuter
- eventuell 1 TL Zucker
- 200 g Mozzarella, in Stücke gezupft

Zubereitungszeit:
10 Minuten plus Zieh- und Backzeit

NÄHRWERTE PRO PORTION

194 kcal, 14 g F, 10 g EW, 5 g KH, 2 g BST

Lebkuchen-brownies

Für ca. 20 Stück

- 200 g Dinkelmehl
- 100 g gemahlene Haselnüsse
- 100 g gemahlene Mandeln
- 100 g brauner Zucker
- 250 g weiche Butter
- 6 Eier
- 6 EL Johannisbeergelee (oder eine andere Lieblings-marmelade
- 3 EL Lebkuchengewürz
- 1 Prise Salz
- 1 TL Backpulver

Für die Glasur:

- 5 EL Orangensaft
- 100 g Puderzucker

Zubereitungszeit:
20 Minuten, Backzeit:
30 Minuten

1 Mehl und Nüsse mischen. Mit dem Handrührgerät den Zucker mit der Butter schaumig rühren und die Eier nacheinander zur Masse geben. Die Mehl-Nuss-Mischung langsam unterrühren. Johannisbeergelee, Lebkuchengewürz, Kakao, Backpulver und Salz dazumischen. Ein tiefes Backblech mit Backpapier belegen.

2 Die Brownie-Masse auf das Backblech streichen und im Ofen (Mitte, Umluft) bei 175 Grad etwa 30 Minuten backen. Auskühlen lassen und in kleine Würfel schneiden.

3 Den Orangensaft mit dem Puderzucker mischen und die Brownies damit bestreichen! Wer mag, kann die Brownies mit bunten Zuckerperlen verzieren.

NÄHRWERTE PRO PORTION

271 kcal, 18 g F, 5 g EW, 21 g KH, 2 g BST

Weihnachts-tiramisu

Für 4 Personen

- 200 ml Kinderpunsch
- 250 g Printen oder Lebkuchen ohne Glasur
- 50 g Mascarpone
- 125 g Speisequark
- 1 Päckchen Vanillezucker
- 1/2 TL gemahlener Ceylon-Zimt

Wer mag:

- 50 g entsteinte Sauerkirschen und/oder
- 1 EL Schokoraspeln

Zubereitungszeit:
20 Minuten

1 Kinderpunsch in eine flache Schüssel geben. Die Hälfte der Printen von beiden Seiten im Punsch schwenken und den Boden einer flachen Form damit auslegen.

2 Den Mascarpone mit dem Quark zu einer glatten Creme verrühren und mit Vanillezucker und Ceylon-Zimt abschmecken.

3 Die Hälfte der Creme auf die Printen streichen. Die andere Hälfte der Printen ebenfalls im Punsch schwenken und auf die Creme legen.

4 Restliche Creme auf die Printenschicht streichen. Wer mag: mit Kirschen und Schokoraspeln dekorieren.

NÄHRWERTE PRO PORTION

442 kcal, 21 g F, 10 g EW, 52 g KH, 3 g BST

Rezeptregister

Rezeptregister

Sachregister

IMPRESSUM

Baby und Familie:
Frische Familienküche

ISBN 978-3-927216-79-2
PZN: 18230373

1. Auflage 2022
Wort & Bild Verlag
Konradshöhe GmbH & Co. KG
Konradshöhe 1, 82065 Baierbrunn
Handelsregister: Amtsgericht München
HRA 44980 / USt-ID-Nr. DE 130750628

Geschäftsführer:
Andreas Arntzen (Vorsitzender),
Dr. Dennis Ballwieser, Malte von Trotha
Chefredaktion: Stefanie Becker

Projekt- und Redaktionsleitung:
Beatrice Sobeck (Isartal Health Media GmbH & Co. KG; IHM)
Konzept und Lektorat: Elke Schurr (IHM)
Text und Rezepte: Susanne Klug
Redaktionelle Mitarbeit: Katrin Ertl,
Christine Kluge
Fachwissenschaftliche Redaktion:
Dr. Katharina Kremser (Wort & Bild Verlag)
Art Direction und Editorial Design:
Dominik Schwarz (IHM)
Layout & Satz: Ellen Fischer
Kreation und Bildredaktion:
Dana Römhild-Fries (IHM),
Stephanie Wiegand (IHM)
Schlussredaktion:
Schlussredaktion.de GmbH
Bildbearbeitung: Olaf Schnee
Produktion: Angelika Emmert

Druck: Grafisches Centrum Cuno GmbH & Co. KG, Gewerbering West 27, 39240 Calbe (Saale) – gedruckt im Ultra HD Print®

Klimaneutral Druckprodukt
ClimatePartner.com/13493-2208-1024

MIX
Papier aus verantwortungsvollen Quellen
FSC® C043106

Vertrieb:
Edel Verlagsgruppe GmbH
Neumühlen 17
22763 Hamburg
Germany

Hinweis: Die Ratschläge in diesem Buch wurden sorgfältig erarbeitet und geprüft. Erkrankungen gehören in ärztliche Behandlung. Das Buch kann daher keinen ärztlichen Rat ersetzen.

Bildnachweise:
Umschlag:
Fotos: W&B/Julia Hoersch; Foodstyling: Pia Westermann; Styling: Katja Rahtjen;
Illustrationen: iStock, Shutterstock

Innenteil:
Shutterstock: 1, 7, 9, 14, 19, 23, 63, 94, 97
W&B/Oksana Gepting: 2, 78, 98, 108, 118,
Barbara Donaubauer: 4
W&B/Katja Muggli: 6, 7, 10, 17, 122
iStock: 14, 19, 20, 31, 33, 41, 42, 45, 50, 55, 64, 80, 83, 86, 90, 108, 133, 135, 142
W&B/Astrid Zacharias: 20, 28, 88, 126
W&B/Julia Hoersch; Foodstyling: Pia Westermann; Styling: Katja Rahtjen: 22, 24, 25, 26, 30, 32, 33, 35, 35, 36, 37, 40, 42, 43, 44, 46, 47, 50, 51, 52, 53, 54, 55, 56, 57, 60, 61, 62, 64, 65, 66, 67, 68, 69, 72, 73, 74, 75, 76, 77, 80, 82, 83, 84, 85, 86, 87, 90, 91, 92, 93, 94, 95, 96, 100, 101, 102, 103, 104, 105, 106, 107, 110, 112, 113, 114, 115, 116, 117, 120, 121, 122, 123, 124, 125, 128, 129, 130, 131, 133, 136
W&B/Julia Hoersch; Foodstyling: Pia Westermann; Styling: Katja Graumann: 111, 137, 132, 134
stock.adobe.com: 29, 49, 79, 89, 99, 126
Getty Images/iStockphoto: 39, 71, 118
W&B/Sabine Schiel: 38, 48, 58, 70
Getty Images/The Image Bank: 58